デザイン＝水野哲也（Watermark）

はじめに

「座りたくなる」って
どういうこと?

住宅では、日々さまざまな生活行為が繰り広げられています。
ごはんを食べる、寝る、くつろぐなどの基本的な行為はもちろん、近年では仕事をする、まちの人が
集まるなど、これまでは住宅の外で行われていたシーンを住宅の中で見かけることも多くなりました。

ますます多様に広がる生活のシーンですが、これらを思い浮かべると、ほとんどの場合、椅子や床、
畳などに座っている様子が思い浮かびます。つまり、住宅で繰り広げられる行為のうち、「座る」こ
とと関係している行為が意外と多いことに気づきます。
では、どんなことがきっかけで座っているのでしょうか? 食べる、テレビを見るなど具体的な生活
行為が関係していることもあるでしょう。でもふと考えてみると、特に目的もなく座っている、なん
てことも多いと思います。
そこにはきっと「座りたくなる」秘密があるのでしょう。

そんな「座りたくなる」場所は住宅の中にどうつくればよいのでしょうか。
クッションがよければ座りたくなりますか? もちろん、それもひとつの方法でしょう。
でも「座りたくなる」のはそれだけではないと思います。
座った場所からの眺め、明るさや暗さ、家族との絶妙な距離感、暖かい、涼しいなど、「座りたくなる」
きっかけはいろいろあると思います。そこでこの本では、住宅の中に「座りたくなる」場所が建築的
につくられている事例を集め、「座りたくなる」仕掛けを読み解いていこうと考えました。

Chapter 1では、少し時をさかのぼり、私たちが住宅の中でどのようなところに座ってきたかを探り
ます。そこには、住まい方や家族形態が変化した現在の住宅にもつながる「座りたくなる」ヒントが
発掘できます。
Chapter 2では、「座りたくなる」仕掛けがさまざまに工夫された住宅を、構成する部位別に40事例
紹介します。「座る」シーンが現れる断面パースから、住宅全体の構成と座る場所の関係性、「座りた
くなる」仕掛けについて読み解きます。
Chapter 3では、「座りたくなる」場所に関わる人間の動作や身体スケール、座り心地や触感、居心
地のよさを左右する光や風といった環境的な注意点などの技術的な情報について、詳細図や事例の写
真を交えながら解説します。

住宅の中に「座りたくなる」場所がいろいろあれば、気分や時間に応じて居場所が選択できるように
なり、そこには建築を背景に人の居る風景が重なった、いきいきとした生活のシーンを描くことがで
きます。本書でご紹介する事例のように、「座りたくなる」場所の尺度と住宅全体の構成を関係づけて
考えることに、住宅設計の多様な可能性を感じていただければ幸いです。

2024年8月　是永美樹・平真知子

本書の構成

Chapter 1　座りたくなる居場所のルーツを探る

Chapter1では、伝統的な日本の住宅から現代に通じる「座りたくなる」場所を考える際のキーワードを紹介します。

庭　縁　窓　椅子　家族　机　床

Chapter 2　座りたくなる住宅 40事例

Chapter2では、住宅を構成する部位別に「座りたくなる」場所を断面パースを使って読み解きます。

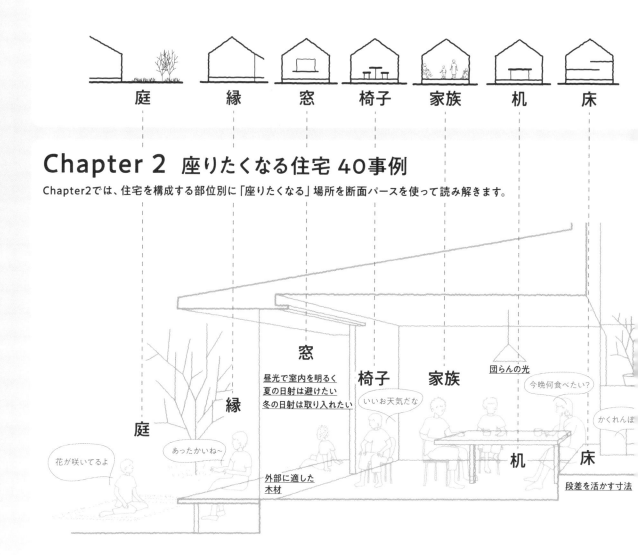

Chapter 3　座りたくなる居場所づくりの秘訣

Chapter3では、「座りたくなる」場所を設計するときの技術的な裏付けを解説しています。

人間工学・心理

距離・向き　姿勢・寸法　要因・心理

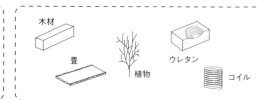

木材　畳　植物　ウレタン　コイル

どう座ってきたかを探ることで、
座りたくなる場所を設計するときのヒントが見えてくる！

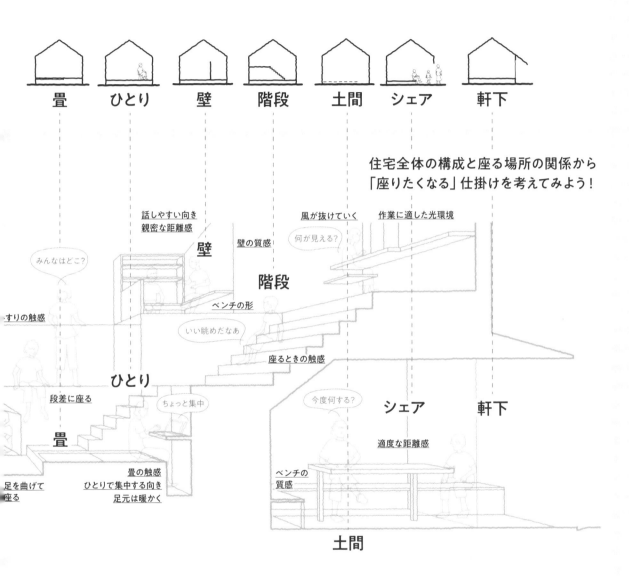

住宅全体の構成と座る場所の関係から
「座りたくなる」仕掛けを考えてみよう！

居心地のよさには
テクニカルな秘訣も欠かせない！

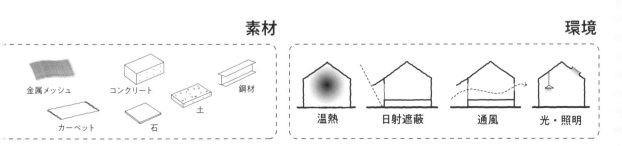

はじめに 「座りたくなる」ってどういうこと？　3
本書の構成　4

Chapter 1
座りたくなる居場所のルーツを探る

① 土間　10
② 床　11
③ 畳　12
④ 椅子　13
⑤ 階段　14

⑥ 机　15
⑦ 窓　16
⑧ 壁　17
⑨ 軒下　18
⑩ 庭　19

⑪ ひとり　20
⑫ 家族　21
⑬ 縁　22
⑭ シェア　23

Chapter 2
座りたくなる住宅 40事例

部位別に座る場所を考える　26

机・テーブル

① 密やかな書斎
大磯の家
手嶋保建築事務所　28

② 境界のテーブルに向かう
織の家
植木幹也＋植木茶織 / スタジオシナプス　30

③ 光と影の織りなす場
河原の舎
服部信康建築設計事務所　32

④ テーブルの部屋
桜台の住宅
長谷川豪建築設計事務所　34

⑤ 大屋根の下の大テーブルが生活の基点となる
ナガレノイエ
比護結子 / ikmo　36

⑥ 動線がからむ大きなテーブル
kinari
松野勉＋相澤久美 / ライフアンドシェルター社　38

⑦ 窓辺を挟んで内外がつながる居場所
稲村の森の家
フジワラテッペイアーキテクツラボ　40

窓辺

⑧ 建具と家具の「奥行」に座る
蔀戸の家
ツバメアーキテクツ＋Sawada Hashimura studio　42

⑨ 可変する窓辺に座る
出窓の家
ツバメアーキテクツ　42

⑩ 都会で大自然を感じる
Todoroki House in Valley
Atelier Tsuyoshi Tane Architects　44

⑪ 角地を彩る小さな居場所となる「マド」
マドノスミカ
御手洗龍建築設計事務所　46

Contents

⑫ 中庭に引き寄せられる窓辺
永山の家
丸山弾 - スタジオ　48

⑬ 土間の先の境界塀に座る
堰の家
斉藤智士 / 建築設計事務所 SAI 工房　50

⑭ 商店街に向き合って座る
SPACESPACE HOUSE
香川貴範 + 岸上純子 / SPACESPACE　52

床

⑮ 既存軸組から解放された床に座る
武蔵境の住宅
伊藤暁建築設計事務所　54

⑯ 路地に浮かぶ床
川西の住居
タトアーキテクツ / 島田陽建築設計事務所　56

⑰ 階段を挟んで並んだ高さの異なる居場所
ダンダンダニエ
長岡勉 + 田中正洋 / POINT、横尾真 / OUVI　58

⑱ 光庭を挟んで向き合う居場所
光庭の棲
川本敦史 + 川本まゆみ / エムエースタイル建築計画　60

⑲ 3つの「いえ」の屋根の下に開放された居場所
Newtown House
湯川晃平 + 川口裕人　62

⑳ 都市に浮遊する床に座る
House NA
藤本壮介建築設計事務所　64

㉑ 新たなアクティビティを仕掛ける現代の縁側
Dragon Court Village
稲垣淳哉 + 佐野哲史 + 永井拓生 + 堀英祐 / Eureka　66

㉒ 本屋さんのようなリビングに座る
バーグドルフ映画図書館
藤野高志 / 生物建築舎　68

階段・スロープ

㉓ モノコックな無柱空間を貫く大階段に座る
S博士の家
SOY source 建築設計事務所　70

㉔ 持ち上げられた床を囲むスロープに座る
旋の家
武井誠 + 鍋島千恵 / TNA　72

㉕ まちとつながり、さまざまな行為を受けとめる大階段
だんだんまちや
アトリエ・ワン　74

㉖ 屋内外の体験が混じり合う
house h
大西麻貴 + 百田有希 / o + h　76

屋根・テラス

㉗ 大屋根に包まれるアウターリビング
安城の家
谷尻誠 + 吉田愛 / SUPPOSE DESIGN OFFICE　78

㉘ 丘の上に座る
海辺の丘
川本敦史 + 川本まゆみ / エムエースタイル建築計画　80

㉙ 地下室上の庭
狛江の住宅
長谷川豪建築設計事務所　82

㉚ 屋根の上に座る
屋根の家
手塚貴晴 + 手塚由比 / 手塚建築研究所　84

㉛ らせん状のデッキに座る
荻窪の住宅
納谷学 + 納谷新 / 納谷建築設計事務所　86

㉜ 多様なテラスに座る
円側の家
畑友洋建築設計事務所　88

壁

③③ 壁のくぼみに座る
HOUSE SH
中村拓志＆NAP建築設計事務所　90

③④ 小さな洞窟にこもる
葦垣の家
中村拓志＆NAP建築設計事務所　91

③⑤ 庭に向かってフレーミングされた風景を眺める
間の門
五十嵐淳建築設計事務所　92

③⑥ 放射状の壁を拠り所にする
T house
藤本壮介建築設計事務所　94

③⑦ 樹木状のユニットを拠り所にする
我孫子の住宅 Kokage
末光弘和＋末光陽子 / SUEP.　96

③⑧ 野の部屋
園
藤野高志 / 生物建築舎　98

③⑨ 擁壁を切り下げて座る
擁壁のまちをつなぐ家
栗原健太郎＋岩月美穂 / studio velocity　100

④⓪ 浮遊する壁に向かう
アトリエ・ビスクドール
前田圭介 / UID　102

Chapter 3
座りたくなる居場所づくりの秘訣

①① 座る姿勢　106
②② 人との距離・向き　108
③③ 座る要因　109
④④ 木材　112
⑤⑤ 鋼材　112

⑥⑥ 畳　113
⑦⑦ 植物　113
⑧⑧ ソリッドな素材　116
⑨⑨ ソフトな素材　117
⑩⑩ 沈み込む素材　120

⑪⑪ 温熱　122
⑫⑫ 日射遮蔽　125
⑬⑬ 通風　126
⑭⑭ 光　128
⑮⑮ 照明　130

[多様な姿勢で座れる]
ヤマコヤ | POINT　107

[行為を促す建築]
キリの家 | TNA　109

[多様な状況をつくる]
LT城西 | 成瀬・猪熊建築設計事務所　110

[親密さを感じる]
真鶴出版2号店 | トミトアーキテクチャ　111

[小さな違和感に興味を惹かれる]
鍵屋の階段 | 403architecture [dajiba]　111

[手作業のテクスチャー]
長浜の家 | 建築意思　114

[住宅スケールを超える]
裏庭の家 | 松岡聡田村裕希　114

[心地よさを受け継ぐ]
富士見台団地のリノベーション
| 能作淳平建築設計事務所　115

[屋内の木陰]
天神山のアトリエ | 生物建築舎　115

[新旧の架構と壁の存在感]
蓮華蔵町の長屋 | 魚谷繁礼建築研究所　118

[大谷石の縁に座る]
光陽舎 | 服部信康建築設計事務所　118

[コンクリート基礎に座る]
ヒカリノコヤ
| 川本敦史＋川本まゆみ / エムエースタイル建築計画　119

[エキスパンドメタルの壁]
広島の小屋
| 谷尻誠＋吉田愛 / SUPPOSE DESIGN OFFICE　119

[アルコーブの造作ソファ]
而邸 | 泉幸甫建築研究所　121

[夏は陰をつくり冬は熱を集める]
傘の家 | 末光弘和＋末光陽子 / SUEP.　124

[繊細な光]
松庵の家 | 手嶋保建築事務所　132

[照明の光溜まり]
4n / NEW LIGHT POTTERY | ninkipen!　133

おわりに　134

座りたくなる居場所の
ルーツを探る

この章では、「座る」場所に関連するキーワードをピックアップしました。
伝統的な事例を参照して慣習的な視点から「座る」行為との関係について解説し、
現代住宅への汎用性について考えてみます。

キーワードとしては、土間、床、畳といった伝統的な建築に欠かせないもの、
階段、椅子、壁、窓、机といった近代化の影響から連想されるもの、
軒下、庭、縁といった温暖な日本の気候ならではの、外部での生活に関係するもの、
また、ひとりで座る場合と、家族や隣人とシェアするといった
家族やまちのあり方から見えてくるものの、計14の視点から考えます。

***

次章で紹介する事例は、ここで紹介しているキーワードから解釈できる
ユニークな「居場所」になっているものばかりです。
住宅の中にどのように「座りたくなる」居場所を仕掛けることができるか、
ここに挙げたキーワードをきっかけに考えてみてください。

01 土間

ならまち格子の家（復元設計：藤岡龍介＋藤岡建築研究室、奈良県奈良市）
江戸末期〜明治のころの伝統的な町家を想定して復元的に新築された町家。道路側から奥へ抜けられる通り庭に設けられた。上がり段は、高さ340mm、奥行335mmで、靴を履いたまま、ちょっと腰かけるのにちょうどよい。

原始住居のひとつである竪穴住居では、地面を少し掘り下げた土の上に、ゴザなどを敷いて座っていました。家の中では火を焚き、上昇気流によって内部の空気は上部の窓から排出され、自然に空気が循環していました。このようなつくりのなごりと考えられている土間は、伝統的な民家（農家住宅や町家）に受け継がれました。地域文化や気候風土などによって違いはあるものの、外から下足のまま入れる空間で、農家では作業場や厩、商家では接客や裏方の場として、家人ではない人も入りやすい多目的な空間として発展してきました。

土間の天井は張られていないことが多く、屋根を支える木の架構と土という素材が共鳴して住空間をダイナミックに演出します。コンクリートや鉄骨に囲まれた現代社会において、**自然素材の風合いを感じられる土間**[a]は、空間全体をおおらかに包み込みます。また、少しがたついたり、でこぼこする**土の感触**[b]は身体感覚を刺激し、人間の本能的な感覚を呼び戻してくれる気がします。**下足のまま入れる**[c]という使い勝手のよさを活かし、外と中をつなぐ現代ならではの「土間」を活かした居場所の可能性は広がっています。

[a] 自然素材の風合いを楽しむ

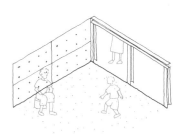

伝統的な土間は土に石灰とにがりを混ぜて固める「三和土（たたき）」でつくる。コンクリートや鉄骨のようなハードな素材に囲まれた現代の環境では、自然素材の土の風合いは、包容力のあるやさしい素材に感じられるだろう。

[b] 土の感触を感じる

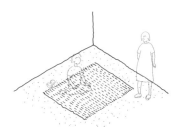

現代住宅は地面からどんどん離れてしまった。竪穴住居に戻るわけではないが、夏にはひんやりとした空気感や、でこぼこする、ざらざらするなど土の感触は、五感を心地よく刺激してくれる。

[c] 下足のままでおおらかに

住宅の中に、外から下足のまま座れる場所があるととても便利だ。訪ねてきた人が気楽に腰かけておしゃべりしたり、自転車や子どもの遊び道具を置いたり、ペットを飼うときにも少し汚れても気にならない、おおらかで融通性のある空間。

02 床

岡山後楽園流店（岡山県岡山市）
広い庭園を散策するときに、休憩や接待処として利用された。木造2階建てで、1階は四方が開放され、内部に引き込まれた流水を挟んだ両側の床に座る。流れる水の音と、通り抜ける風を感じながら、庭園の風景を眺められる抜群の居場所。

　土の上から離れた水平面である床が登場し、次第に床の上に生活の場は移行していきます。いつのころからかはっきりしていませんが、古来より日本では床にあがるときは靴を脱ぐという習慣があります。住宅の中で上足と下足の領域は明確に使い分けられ、それぞれの領域に**適した仕上げ材が選ばれます**ⓐ。靴を脱ぐと足裏で直接床の素材の感触を感じられるため、その感触を想像して床の素材を選ぶのは日本的な感覚でしょう。

　近代になると2階以上に居住空間が設けられるようになって住空間の機能が重層化します。戦後には限られた空間の中で、縦方向に床を分散して配置することで上下階をつなぎ、狭さを感じさせないような工夫に満ちた魅力的な住宅も登場しました。

　近世までは水平方向に広がっていた居住空間の床は、垂直方向に床を配置するという選択肢を獲得したことで、視線や光、風の通り道が立体的に広がり、住宅内に**高さの異なるさまざまな居場所**ⓑがつくられていきます。さらに床と床、床と家具などの水平部位を**行為をアフォード*する**ⓒように配置することで、階や室の関係を再定義し、視線や人どうしの距離感が多様に展開し、不思議な居場所が創出されます。

ⓐ 床仕上げを変えて

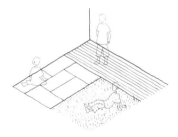

床の仕上げが変わるところは無意識に「境界」を感じる。フラットな床でも、仕上げ材を変えることで、それぞれの領域を感じさせることができる。同じ空間にいながらやわらかく領域を使い分けたり、特別な領域を感じさせることができる。

ⓑ いろいろな高さに座る

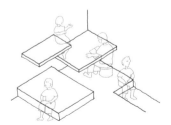

床を異なる高さに設けて、居場所を垂直方向に分散してみよう。視点も変わり、家族どうしの距離感も変わる。特に狭小住宅の計画では縦方向に広がりを感じられ、狭さの解消につながる。

ⓒ 行為をアフォードする

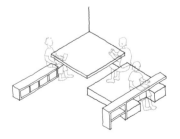

床の高さを考えるとき、生活行為をうながすような高さで床どうしを配置することを考えてみよう。たとえば700mmの段差であれば机になるし、400mm程度なら腰かけたくなる。狭小住宅では家具を置かなくても座れる場所になる。

*アフォーダンス：「afford（提供する）」から心理学者J.J.ギブソンによってつくられた造語。無意識に特定の行為をうながすような形をデザインすることを「アフォードする」と表現することがある。

03 畳

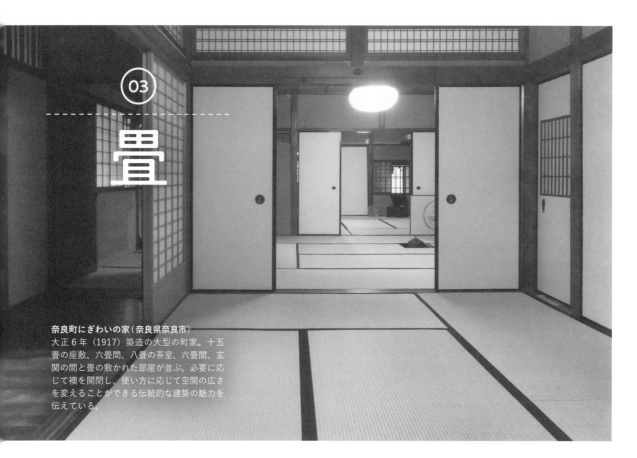

奈良町にぎわいの家(奈良県奈良市)
大正6年(1917)築造の大型の町家。十五畳の座敷、六畳間、八畳の茶室、六畳間、玄関の間と畳の敷かれた部屋が並ぶ。必要に応じて襖を開閉し、使い方に応じて空間の広さを変えることができる伝統的な建築の魅力を伝えている。

畳は、板敷の空間の中で、地位の高い人の座る場所や宴席の列席者が座る場所に限定的に敷かれ、その都度座る場所に移動して使うことができる「座具」でした。いつごろから畳が床に敷き詰められるようになったのかは定かではありませんが、移動して使う「畳」から、床材の「畳」に変化していきます。現代は床仕上げにフローリングが使われることが多いですが、**小上がりや置き畳として畳を座家具的に使用する方法**[a]も考えられるでしょう。また「畳」は、日本の住宅文化には欠かせない床材で、「和室」のイメージに直結しますが、畳は文化的な解釈だけでなく、その機能性から現代の住宅にもっと採用されてもよいのではないでしょうか。たとえば、畳が敷かれた部屋は、家具がなくても**どこにでも座ったり寝転んだりすることができ**[b]、子どもや高齢者には転んでもケガをしにくいやさしい素材です。また、畳の上では一般的には床座で、家族人数の変化や訪れる人数が不特定の場合など、**人数の変化にも対応しやすい**[c]です。なんといっても、調湿作用などの機能性、踏み込んだときのやわらかい感触や畳のにおいは、日本人の五感を心地よく刺激するような居場所を提供してくれるでしょう。

ⓐ 座家具としての畳

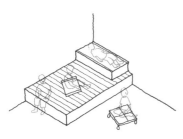

座家具としての畳は、固いフローリングの床の上で座る部分にやわらかな感触を提供する。またソファを置いて座る場所を固定する空間もあれば、畳を使った座家具を座る場所に移動して使うといった、しつらいとしての畳の可能性もある。

ⓑ 畳の上で自由に過ごす

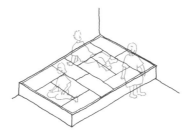

畳は、座ってもよし、寝ころんでもよし、いろいろな過ごし方ができるフレキシブルな場を提供する。子どもや高齢者のいる住宅では、転んでもケガをしにくい、ちょっと横になる、赤ちゃんを寝かすなど、機能面でも有用な素材。

ⓒ ひとりでも大勢でも

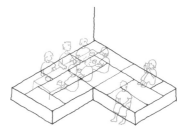

畳は、ひとりでも大勢でも、座る人数を特定しない。また、並んで座ったり、向かい合ったり、車座になったり、状況に応じて臨機応変に使えるのが魅力で、座るための家具を必要としない点でも便利な床材といえる。

写真提供：竹中工務店、撮影 古川泰造

04 椅子

聴竹居（第5回自邸）（設計：藤井厚二、京都府乙訓郡大山崎町）
洋風化が進む時代に、環境的な科学的根拠と日本的な意匠や住まい方を融合させた実験的な住宅。椅子座に合わせた高さの床の間など、改善すべき起居様式と伝統的な様式を融合した新しい住まい方を創造している。

近代に登場した上流階級の洋風住宅では、生活空間としての和館は畳に座る「床座」、接客用としての洋館は「おもてなし」としての椅子に座る「椅子座」、というふたつの「座る」形がひとつの住宅の中に共存していました。しかしこの傾向は、洋風生活へのあこがれとしての「椅子座」から、身体的負担、家事労働の軽減という「椅子座」の機能的な側面に関心が移行し、その後の生活改善運動に発展しました。戦後の公団住宅では、ステンレスキッチンと椅子・テーブルの新しい生活のスタイルを組み合わせた「ダイニング・キッチン」が採用されます。これを契機に一般家庭にも椅子座の生活が普及し、新しい生活にふさわしい家具がつくられるようになりました。現代では使う人の年齢やシーンに応じた多種多様な椅子がデザインされています。可動の椅子の場合は座る場所を選択できますが、**造り付けの椅子ⓐ**を設計する場合は、椅子自体の座り心地はもちろん、何人が並んで座るのか、**座る場所から見える風景、ほかの人からの視線、光や風の向きⓑ**、座る場の**周辺にものを置くⓒ**ようにするなど、椅子を使う状況や周辺との関係にも配慮すると、居心地のよい座りたくなる場所となるでしょう。

ⓐ 造り付けの椅子と可動の椅子

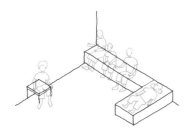

造り付けの椅子の場合、椅子の幅は座る人数と関係する。何人で座るのか、座って何をするのかなどを想定して椅子の幅を考える。特にフローリングの部屋しかない住宅では、デイベッドになるように座れる場を提案するとよい。

ⓑ 風景や視線、光や風の向き

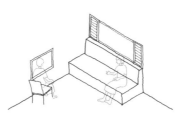

座ったときに視線の先に何が見えるかを想像する。外の風景、住宅の中の家族の姿など、部屋の位置や窓との関係を検討しよう。互いの視線の向きや、風や光をどのように感じられるか、座る向きは居心地のよさにもつながる。

ⓒ まわりにものを置ける所

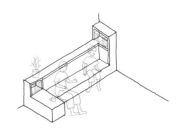

本を読む、お茶を飲む、仕事をするなど、「座る」行為はほかの行為のために身体を安定した状態にする行為でもある。座る場所のまわりにその行為に伴うものを置ける場所があれば、その居場所はとても便利で使いたくなる場所になる。

13

05 階段

旧日向家熱海別邸（地階内装設計：ブルーノ・タウト、静岡県熱海市）
実業家日向利兵衛の別邸として1936年に竣工。相模灘に面した急斜面に位置し、土留めを兼ねた地形に沿った階段は、ドラマチックに上段の間へ誘う装置であり、振り返って腰かければ目の前に海が広がる。（現在は立入り禁止）

階段は、言うまでもなく上の空間と下の空間を「つなぐ」装置です。近代以前は、居住空間は基本的には平屋で、倉庫や養蚕など2階以上へあがるときには、ハシゴや押入に納まるような急勾配の箱階段が使われていました。近代以降になると洋風住宅の影響で2階にも居住空間がつくられるようになり、階段は住宅の新たな空間的な要素となりました。戦後の住宅難、高度成長期の都市部における急速な人口増加は、限られた面積の中で狭さを感じさせない工夫を生み出しました。吹抜けで上下階をつないだり、半階ずれたスキップフロアで住空間を連続的につなぐなど、垂直方向に住空間が展開するのに伴い、場を豊かに彩る魅力的なデザインの階段が登場します。近年では階段は上下移動の機能を担うだけでなく、居住スペースの一部として上下移動以外の機能を担う住宅も増えています。たとえば、住宅の階段の幅は機能的には半間程度あれば十分ですが、**幅を広くした舞台のような階段ⓐ**で上下階を大胆につなぐ、**踊り場を広くとって床のように配置**ⓑする、**地形を活かした外の居場所になる階段**ⓒなどの工夫で、身体的に負担のかかる上下移動の間も楽しく変化に富んだ居場所にすることができます。

ⓐ 舞台のような階段

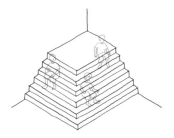

住宅の中の大階段は、生活をドラマチックに彩る装置でありながら、家族の距離感をうまくコントロールしてくれる。階上から下に、階下から上に何が見えるのかを想像して上下をつなごう。

ⓑ 階段と床の間

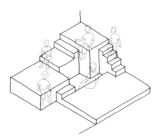

階段の踏面をひとつの床に見立て、いろいろな大きさの踏面をつくれば、階段を上り下りする途中に、いろいろな居場所に遭遇できる。高さや向きが変わることで、近くに居ながら家族と適切な距離を保つような居場所がつくれる。

ⓒ 地形を活かす

住宅の建つ敷地や周囲に高低差があるのはよくあること。地形をそのまま活かして一部を掘り込んだり、地形を吸収するように床を階段状に配するなど、大地の記憶をとどめる居場所となる。

14　Chapter 1　座りたくなる居場所のルーツを探る

06 机

河井寛次郎記念館（設計：河合寛次郎、京都府京都市）
大正から昭和にかけて京都を拠点に活動した陶芸家河井寛次郎の自邸の2階には、窓辺に小さな机と椅子が置かれている。大きな部屋の中で、寛次郎が読書や書き物をした小さな机だが、拠り所としての存在感は大きい。

机は床座、椅子座にかかわらず、あらゆる生活行為に関わりの深い家具です。机は、集まって会話や飲食をしたり、作業や勉強をしたり、人を寄せつける家具としていろいろな生活行為を受けとめてくれる水平面です。特定の行為や特定の人が座る**特等席となる机**もあれば、家族や家族以外の**人も集まってくるような多様な行為を受けとめる机**もあります。形は矩形が一般的ですが、部屋の大きさや座る人数に応じて長さや幅を調整したり、丸や多角形など場にあわせた形でつくられることもあります。一方で、高さは人間の身体寸法からおおよそ決まっています。床座で利用する場合は400mm程度、椅子座で利用する場合は700mm程度です。また、机は置き家具として、設計された部屋の中にセッティングされる場合と、建築の一部として特定の場所に造り付ける場合があります。**床の段差を調整して一緒に使える机**や、階段や窓といった**ほかの部位の一部に机としての機能を仕掛ける**など、家族の生活スタイルや、在宅ワーク、住み開きなどといった近年の新しい住まい方に合わせて、住宅の中に居場所を仕掛ける水平な部位として机をとらえてみてはいかがでしょうか。

ⓐ 人が集まる机と特等席の机

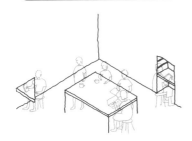

机があるところに家族もものも集まってくる。いかに集まりやすい場にあるか、動線をうまくよけられているかなど配置や大きさを考えてみよう。また、ひとりの特等席となるような机もあると、時間や気分で居場所を選択できる。

ⓑ 段差をつなげる机

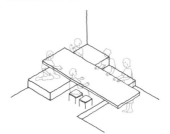

立つ、椅子に座る、床に座るなど、異なる生活行為が想定された段差の境にまたがってテーブルを架ければ、床に段差があっても人が集まり、同じ場を共有できる。テーブルが長ければ、距離感を保ちながら一緒に過ごせる居場所になる。

ⓒ ほかの部位を机にする

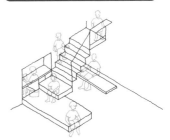

階段は建築の一部だが、もともと身体スケールで機能が決まることを応用して、家具的にデザインすることもできる。踏面や手すりなどの階段を構成する水平面がほかにどう使えるか、窓台などの近くの水平部位との関係も考えてみよう。

07 窓

駒井家住宅（設計：ヴォーリズ建築設計事務所、京都府京都市）
1927年に設計された京都大学駒井卓博士の住宅。リビングには高さ300mmの腰かけ付きの出窓があり、窓辺に自然と惹きつけられる。座面の奥行は630mm、ゆるく傾斜した腰壁に囲まれた落ち着いた居場所になっている。

　柱と建具で構成される日本の伝統的な住宅では、建具を開ければ外部とつながり、目の前には外の風景が広がりました。近代以降、部屋を仕切る壁に穿たれた窓は、直接外に出られるというそれ以前の住宅内外の関係から、外の風景の一部を切り取って眺めるというように、住宅内外の境界性に新たな選択肢を与えました。

　窓には人を惹きつける磁力があります。眺めのよい窓、明るい窓、風を感じる窓など、人は自然と窓辺に集まります。そこに座る場所があれば、つい座りたくなるような居場所になります。そんな窓辺を設計するときには、周囲の環境をよく観察し、**窓から何が見えるのか**[ⓐ]、座る場所との関係でどの位置に窓を開けるのがよいかを考えます。また窓台は単に窓を囲む部材としてではなく、水平な面として幅や奥行を変化させるなど、**窓台のつくり方を工夫する**[ⓑ]ことで、座面や家具として利用できます。また、窓辺の環境的な配慮も必要です。夏期には直射日光を避けるのが望ましく、南面する場合は庇や樹木、西に面する場合はルーバーやブラインド、また冬期には窓からのコールドドラフトへの対応など、**季節や方位に合った対策**[ⓒ]をとると快適な居場所になります。

ⓐ 眺めを意識する窓

窓を開けると、その外に何が見えるのかを考えて窓の位置を考える。青空や木々の緑など、季節や時間の変化を感じられるような窓、遠方の風景が眺められる窓など、窓にも個性をもたせると、いろいろな性格の居場所になる。

ⓑ 窓台を工夫する

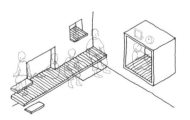

壁と窓の納まりを調整する部位として窓枠がある。窓枠の中でも下枠（窓台）は、幅を広げてものを置けるようにしたり、腰かけられる高さにするなど、窓台を工夫することで窓辺の居場所をつくることができる。

ⓒ 季節、方位を考えた対策

窓は新鮮な空気や光の取入れ口であるとともに、省エネルギーの観点からは、もっとも外気の影響を受けやすい部位である。特に夏の日射と冬のコールドドラフトは窓辺の居心地に大きく影響するので、方位に応じた対策を検討する。

08 壁

白鳥庭園 清羽亭外腰掛待合（設計：中村昌生、愛知県名古屋市）
庭園内にある茶室の外腰掛待合。壁を建てることで、屋外の開放された広がりの中で、一角が明確に切り取られている。客人が茶席に向かう前の一時を過ごす場として、壁を拠り所にして自然の中に身を置き、茶事に向けて心を静めるための空間。

動物は洞穴を掘って入口を限定し、背後を守って巣をつくります。人も同じ動物です。**背後が壁に守られ、前面に視界が広がっている**ⓐと安心して座っていることができます。人は穴を掘る代わりに壁を立てて、周囲から自分の場所を守ってきました。温暖な気候のもと、柱と建具で構成された開放的な住空間の中で、塗籠（ぬりごめ）と呼ばれる壁で囲まれた小空間を寝室としたり、衝立を立ててほかの人の侵入を制限するなど、開放的な住空間の中で**一部を壁で囲んで安心できる守られたスペース**ⓑを確保してきました。高度成長期の都市環境が悪化した時代には、周囲から切り離すように住宅を壁で囲み込んだコートハウスや、防御としての壁の存在を表現するような住宅もつくられるようになりました。この壁の内側には家族の集う**L形のコーナーリビング**ⓒや、光を受けとめる印象的なシーンが生まれました。現代の住宅では、省エネルギー的な性能や耐震性能を見込んで壁面が多く配される傾向がありますが、ただ壁で仕切るのではなく、壁でどう囲みたいのか、何を遮りたいのか、隣接する空間どうしをどうつなぎたいのか、高さや素材、囲む範囲などを考えることで居場所の性質は大きく左右されます。

ⓐ 背後の「壁」と開かれる前方

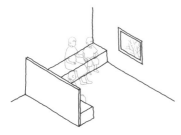

座る場所の背面が壁で守られているか、開放されているかは、居心地のよさを左右する。背後を壁にして、前面に視界が広がるように座る場所の位置を考えると、安心感の得られる居場所になる。

ⓑ 閉じ切らない「壁」

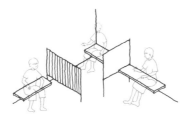

視線を遮ることができるような壁があると、心身が解放された居場所になる。家族の間では、視線や音をある程度制限しながらも、互いの気配を感じられるような閉じ切らない壁がおすすめ。

ⓒ L形をつくる「壁」

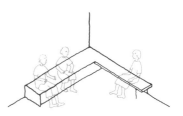

人間工学的には、正面に相手が対面して座るより、互いの視線が交わりにくいL形に座るほうが、くつろいで会話がはずむとされている。住宅のコーナーの壁を使って、会話の弾むL形の居場所を提案してはどうだろう。

09 軒下

旧井上房一郎邸（原設計：アントニン・レーモンド、群馬県高崎市）
東西に長い木造平屋建てで、鋏状トラスや芯外しの建具など、随所にレーモンドスタイルを見ることができる。玄関前のパティオは居間と寝室に挟まれた、透明な屋根が架かる半外部の軒下空間。外気を感じ心身ともに解放される気持ちのよい居場所。

雨が多く、夏の日差しも強い日本では、内部空間と連続した半外部の軒下空間は生活に欠かせない空間でした。外に居ながら雨や日差しを避けて過ごすことができる軒下は、下足のまま外から直接利用できるため、自転車を置いたり、ものを干したり、子どもが遊んだり、多様な使い方ができる空間です。庇は奥行1m未満であれば建築面積には参入されないので、**横に長い軒下**[a]は長さを活かした使い方が提案できます。2023年の法改正により、奥行1mを超える庇については、日射遮蔽に有効な場合に限り、1mを超える部分についても建築面積に参入されない特例許可制度が創設されました。方位や設置位置を検討すれば**深い軒下**[b]空間をつくりやすくなり、夏期の日射遮蔽だけでなく、年間を通じて屋外のリビングやダイニングとして生活を彩る場になります。近年よく見られるまちに開いた住宅では、軒下は家族以外の人も下足のまま立ち寄りやすい**まちとつながる導入空間**[c]となっています。また軒裏は軒下空間を演出する重要な面であり、素材や照明の配置なども意識して計画することで、密度の高い半外部の居場所を演出することができます。

ⓐ 横に長い軒下

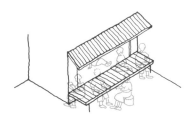

横に長い軒下では、長さを利用して、室内と屋外に居る人が話をしたり、気軽に声をかけやすい距離感を保ちながら、いろいろな人が一緒に座ることができる。また、時間に応じて表情を変化させる陰影のある外観デザインにもつながる。

ⓑ 深い軒下

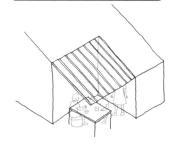

深い軒下は、二方または三方を壁や部屋で囲んでその領域を限定し、そこにテーブルを置けば第二のリビングやダイニングとして、屋外の部屋のような居場所となる。風や光を感じながら心身を解放できる気持ちのよい居場所になる。

ⓒ まちとつながる軒下

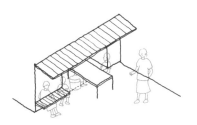

接道している開口部の前の軒を道路側に延ばすと、訪れる人が入りやすい仕掛けになる。軒下にベンチや机を置いたりすることで、さらに内外の境界が曖昧になり、まちに対してもにぎやかな表情を生み出す居場所になる。

⑩ 庭

私の家（設計：清家清、東京都大田区）
戦後の小住宅は、住宅の面積は小さいが敷地は広いという隠れた立地条件がある。「私の家」のリビングと庭は最小限の段差でつながり、生活空間が庭まで延長していた。「移動畳」は庭に持ち出して過ごすこともできる家具として設計された。

温　暖で四季のある気候風土である日本では、住宅は外に開き、人は庭に出て、季節の変化、自然の音、色、光、風などに触れ、**心身を解放**ⓐしてきました。桂離宮の月見台や岡山後楽園の流店などは、年に数回の特定の瞬間や、季節や一日の時間の中で刻々と変化する自然を享受できる特等席の代表です。一方、**小さな庭に大きな風景**ⓑを感じられるような見立ての手法でつくられた坪庭は、室内から外部へ人々の意識を誘い、光や風の取入れ口としても有効に機能します。高度成長期には周辺環境から閉じた壁で敷地内の庭を囲むコートハウスも登場します。また、都市型住宅では、限られた面積の中で空間の広がりを求めて床が垂直方向へ展開するのに伴い、地面から離れた庭、屋根の上の庭など、庭も立体的に配置され、**高さの異なる外部の居場所**ⓒが提案されてきました。周辺が密集する都市部では、水平方向への庭の広がりには限界があり、庭が頭上の空とどうつながるかを考えることで、室内へ光や風を導く通り道にもなります。小さくても、地面でなくてもよいのです。庭へ出て心身が解放される居場所は、現代の生活環境にますます求められている居場所なのではないでしょうか。

ⓐ 心身を解放する

天気のよい日は庭に出て土の上に座れば、心身が解放されリフレッシュできる。雨をよけ陰をつくる庇を設けたり、樹木を植えるとよい。夏期には葉が繁って陰をつくり、冬期には葉が落ちて、太陽の暖かさを享受できる落葉樹がおすすめ。

ⓑ 小さな庭に大きな風景

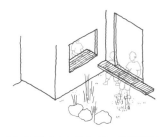

広い庭がとれない場合でも、視線を遠くに導くような位置に植物を植えたり、石を置くと、手前と奥が意識され距離感を演出できる。また、書斎など長時間座る場所の前に小さくても庭があると目が休まり、気分転換が図れる。

ⓒ 高さの異なる風景を楽しむ

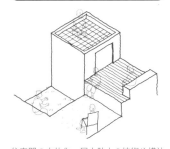

住空間の立体化、屋上防水の技術や構法の進化により、外部空間をさまざまな高さに設けやすくなった。地上からは見えない遠方の風景を眺めたり、まちを歩く人を観察したり、地上の庭とは異なる楽しみ方ができる。

11 ひとり

撮影：村井修

BOX-A QUARTER CIRCLE（設計：宮脇檀建築研究室、現存せず）
周辺の建て込みが進む状況で、積層する箱の2階を4分の1の円弧を描いた開口部で内外を分け、内側はダイニング・リビング、外側を植栽で囲む。円弧に沿った長い窓台は、ダイニング・リビングと同じ空間に居ながら庭を眺めてひとりになれる特等席。

住宅の中でひとりになれる場所といえば寝室や個室です。家族と住んでいてもひとりになれる場は必要でしょう。兄弟も多く、多世代で住んでいた大家族の時代、建具だけで仕切られていた伝統的な住宅には個の空間はありませんでした。プライバシーの確保は、伝統的な住宅に対する住宅改善運動のテーマのひとつでした。それ以降の住宅では、階を分けたり、廊下で部屋を分けたりして、家族からは離れた個の領域を確保してきました。一方現代は、世帯人数の少ない住宅も多く、適度に距離をとったり、<u>背を向け合って視線の方向を分散する</u>❶などのちょっとした工夫で、家族の居る空間と個の空間は共存しやすくなっています。近年は在宅やテレワークなど、自宅で仕事をする場が求められる住宅も増えていますが、<u>**完全にひとりの閉じた空間とするのではなく**</u>❷、適度に目隠しができて、作業に集中できるような場があれば、だれかが居る空間の中で気配を感じながらも「ひとり」の状態を選択することができます。小さくても、「自分」のお気に入りの居場所となるような、**家族ひとりひとりの「特等席」**❸が住宅の中にちりばめられると最高です。

❶ 背を向けて共存する

家族が居るなかでもお互い背を向けて座ることで、作業に集中したり本を読んだり、「ひとり」で居るような状況をつくることができる。同じ空間に居ても互いに視界に入らないことで、気配を感じながらひとりひとりが共存できる。

❷ 完全に仕切らない

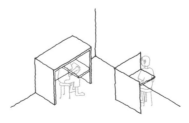

リビングやダイニングなど家族が集まる場の中に、ひとり分のスペースだけ囲んだ書斎や家事スペース、勉強スペースなどの居場所を確保する。囲みの形状や素材をインテリアのアクセントとするのも楽しい。

❸ 自分だけの特等席

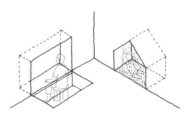

家具の一部や階段の下などの小さなスペースは、個人の特等席としてひとりの居場所の確保にぴったり。住宅の中のどこかに家族ひとりひとりに隠れ家のような特等席があれば、個室は寝るスペースがあれば十分だろう。

撮影：彰国社

⑫ 家族

軽井沢の山荘（設計：吉村順三設計事務所、長野県北佐久郡軽井沢町）
吉村順三が設計した多くの住宅のリビングは、ゆったり座れる長いソファ、外の風景を眺める大きな開口部と側壁に引き込んで全開放できる建具、火や音のゆらぐ暖炉、ゆるやかな勾配天井など、家族が自然と集まって腰かけたくなる仕掛けに満ちている。

戦後の住宅難の時代に、木材不足などの住宅供給に関する政治的判断から新築住宅の面積が制限されます。小さな住宅でも生活が成り立つように「親と子」だけの「核家族」を想定した住宅が大量に供給され、それまでの家族像が大きく変化しました。高度成長期になりテレビが一家に一台普及しはじめると、リビングのソファに座ってそろってテレビを見るような家族像をイメージした住宅像が定着していきます。しかし、近年は、IT技術の発展に伴い、リビングに来なくてもパソコンやスマートフォンで個々に映像を楽しんだり情報を収集することができ、**好きな場所で自由に過ごす**ⓐ時間が増えているのではないでしょうか。そんな現代では**家族が集まる場所**ⓑはどうあるべきでしょうか。また、住宅というプライベートな領域に**家族以外の人を招き入れる開かれた場**ⓒを設けている住宅も増えています。このような住宅では、家族とは別の専用の入口を設けたり、靴を履いたままで入れるなど、プライバシーを守りながら気軽に訪れてもらえるような工夫が見られます。このような開かれた住宅は、プライベートな家族の領域として閉じ気味であった住宅のあり方を大きく変化させる可能性があります。

ⓐ それぞれの好きな居場所

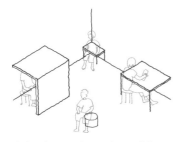

住宅の中で居心地のよい場所は家族それぞれで異なる。開放的な場所が好き、少し閉鎖的なところが好きなど、個人の性格にもよるだろう。小さくてもよいので、ひとりひとりのお気に入りの居場所を提案できるとよい。

ⓑ 家族が集まる場所

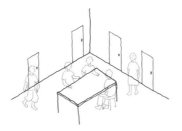

家族が集まるのは、現代ではリビングとは限らない。テレビを一緒に見る機会は減る一方で、住宅の中で家族と一緒に過ごす時間や行為をとらえなおす必要があるだろう。

ⓒ 家族以外にも開かれた居場所

住宅の一角に家族以外の人が気軽に入ってこられるような空間があると、まちとつながる活動や、地域の人の集まりなどに利用しやすくなる。このような場は、家族とまち、地域をつなげる居場所として近年広がる傾向がある。

13 縁

私たちの家（設計：林雅子＋林昌二、東京都文京区）
最初に建てられた平屋の住宅に、増築したRC造の躯体から屋根を片持ちで跳ね出して既存部分に上階の荷重をかけないダイナミックな架構。その躯体の一部に穿たれた開口の下は、居間と食堂、庭をつなぐ至福の縁側になっている。

伝統的な建築には、外部との境界に内部空間が延長された縁が多用されています。庇の下で雨や日差しを避けながら、「内外」をやわらかくつなぐ緩衝空間でもある「縁」は、日本建築の大きな魅力のひとつです。一般的に縁は横に長いが奥には浅く、掃出しの建具を開ければ自由に出入りができるような内外の境界を形成しています。高度成長期には、悪化した外部環境から内部を守るように、ハードで明確な境界で外部に対して閉じた住宅が求められ、縁のようなやわらかな境界がつくられることが少なくなりましたが、行きすぎた閉鎖性から次第に周囲との関わり方を模索するようになります。縁は、その両側の空間の性質を読み解き、どうつなぎたいのかによってつくり方も変わります。近年は家族やまちとの緩衝空間としてさまざまな役割の縁が提案されています。接道側に設ければ**公と私の間の緩衝空間**ⓐになりますが、シェアハウスでは**私と私をつなぐ緩衝空間**ⓑになります。また環境的には、縁は内外の**温度差を調整する中間領域**ⓒとしても有効です。人、もの、空気、音、光などさまざまなものをつなぐ「縁」は、つなぐ者どうしの関係で多様な場に変容するフレキシブルな空間的な装置です。

ⓐ 公私の緩衝空間

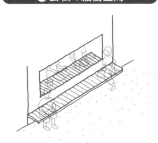

住宅の内外は壁で仕切られ、窓でつながる。窓を挟んだ内外にそれぞれ居場所を設ければ、まちと住宅との緩衝空間となり、気軽にコミュニケーションしやすくなる。まちと住宅をつなぐ仕掛けは街路景観にも変化をもたらす。

ⓑ 私と私の緩衝空間

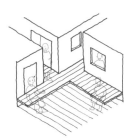

住宅の中でも、住んでいる人どうしの間に緩衝空間として縁的な仕掛けを設けてみよう。廊下や階段などの動線、水まわりなどの空間にプラスアルファの居場所を設ければ、通りがかりに何をしているのか互いの気配を感じられる。

ⓒ 温度差を調整する中間領域

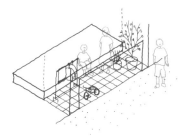

省エネルギー的な観点からは、縁は内外の温度差を調整する空気的な中間領域として機能する。夏は日射が入り込まない日陰の居場所、冬は日射を取り込んでサンルーム的な暖かい居場所となる。

提供：株式会社八清

⑭ シェア

さらしや長屋（設計：魚谷繁礼建築研究所、京都府京都市）
街中の路地に建つ4軒長屋を子育て世帯向けの住宅に改修。路地、4軒をつなぐ縁側、隣地境界を兼ねる黒板の壁は、子どもたちが一緒に使うことができる。伝統的な縁側や路地を現代的に解釈した都市型居住の新しい姿。

近年、車や本、洋服などさまざまなモノを共有するサービスが急成長しています。シェアハウスやシェアオフィスは空間を共用する仕組みで、設備機器や家具などを、ひとりで所有できなくても共有することで個人の負担を軽減できるシェアの発想は一般化しつつあります。シェアするのはものに限らず、時間やサービスを提供するといった共助のシェアも出現しています。近年多発する自然災害や大震災により、個々の住宅を超えた地域のつながりの大切さにも改めて気づかされました。このような背景のもと、共通の嗜好性のある人や同じ世代が集まったり、高齢者の自宅に若者が住んだり、家族以外の個人が集まって住む「シェア居住」が増えています。**設備や家具などを共同で使う**ⓐメリットはもちろんですが、何をどう「シェア」するのかが問われています。「個」を前提とした他人どうしを受けとめるためには、「個」の居場所の確保と同時に、ひとつ屋根の下で**「個」どうしを媒介するような「共」の居場所**ⓑをどうつくるかが大事です。また**「共」の先にある「公」の場**ⓒにどのように開くのか、これまでにはない住宅のあり方が模索され、新しい住まい方を提示する住宅が出現しています。

ⓐ 設備や家具をシェアする

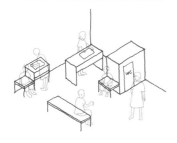

シェアハウスやシェアオフィスなどでは、水まわりや家具などを共用で使う。必ず利用する水まわりの近くに座る場所があれば、腰かけて順番を待ったり通りがけに話しかけたり、自然なコミュニケーションのきっかけになるだろう。

ⓑ 「個」と「共」の関係

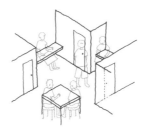

シェアハウスでは、「個」のプライバシーが守られることと「共」に参加しやすい状況の両立が求められる。「個」の居場所と「共」の居場所の関係、個室の出入口の位置、「共」の居場所からの視線や音がどう制御できるかを確認しよう。

ⓒ 「共」と「公」の関係

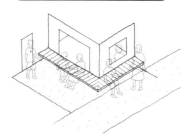

接道する一角に、まちに開かれたスペースを設けてみてはどうだろう。リビングやダイニング、キッチンなど住宅内の「共」の居場所を接道させると、個、共、公をグラデーショナルにつなげられるミクロな地域社会の風景が描けるだろう。

Chapter

座りたくなる住宅
40事例

この章では、住宅を構成しているさまざまな部位や
建築の一部を構成している家具に注目して、
住宅の中での「座りたくなる」場所を解説することを試みています。
ここで紹介する、床、階段、窓台、縁側・デッキ、屋根、壁、机は、
住宅を構成する部位でありながら、生活の中で自然に、
「座りたくなる」ようにうながしているものです。
そこには「座りたくなる」ような秘密があって、それは単に人間工学的な寸法だけではなく、
光、風、眺め、位置など、さまざまな工夫と配慮があることに気がつきます。
これらの事例は、生活の場を覆う「箱」としてだけではなく、
人間が座る、触れるということを意識した細部の寸法や、
素材、視線の向き、光など、あらゆる要素を重ね合わせて慎重に設計されています。
各事例の「座りたくなる」場所とその部屋のさまざまな要素との関係性について、
断面パースを用いて読み解いています。

このように「座りたくなる」場所に着目してみると、
人の居る場所＝居場所に関する明確な設計意図を読み取ることができ、
作品全体の理解も深まります。
「座る」という行為を考えることで広がる
住宅設計の楽しさや魅力を感じてみてください。

部位別に座る場所を考える

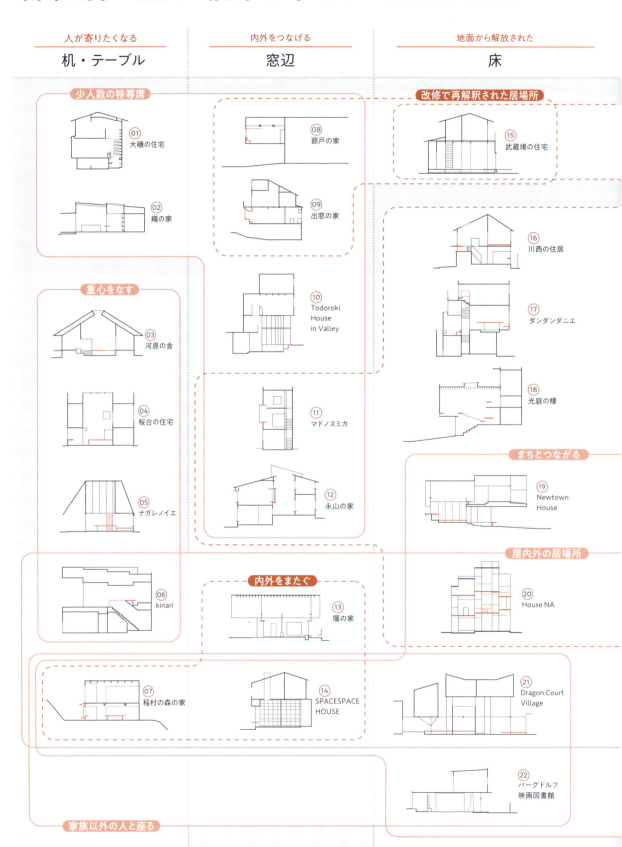

各住宅で着目した座る場所を、机・テーブル、窓辺、床、階段・スロープ、屋根・テラス、壁の6つの部位に整理し、さらに建築全体の構成と部位の関係、居場所としての性質を重ね合わせて事例別に分類した。数字は次ページ以降の各事例の番号を示す。

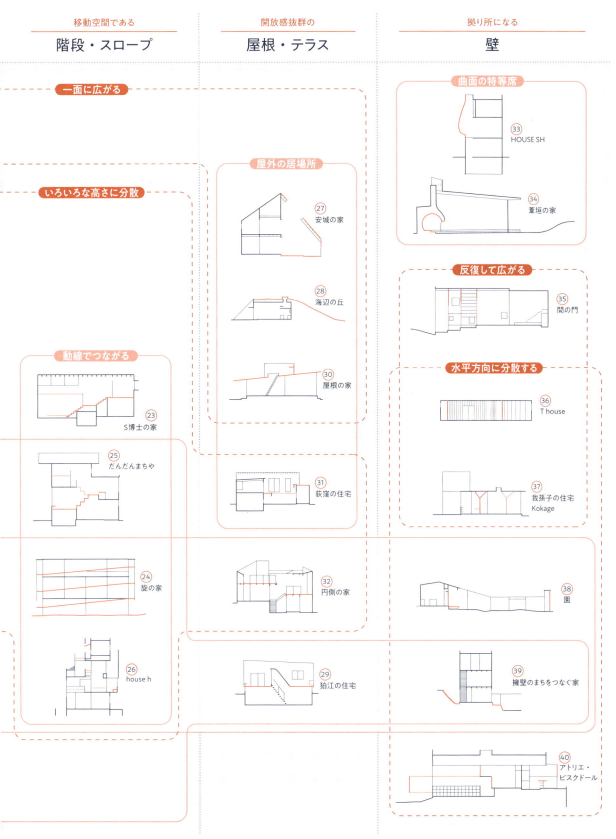

27

01 密やかな書斎
大磯の家
手嶋保建築事務所

所在地：神奈川県中郡大磯町
延床面積：107.20㎡
構造：木造
竣工年：2014年
撮影：西川公朗

敷地は平屋の隣家を挟んで小川に面しており、水面を渡る涼風を床下から取り込むため、1階床を地面から1mほど上げている。床を上げることで隣家の高さを相対的に下げて圧迫感を抑え、床下も納戸として利用している。書斎は納戸とほぼ同じ高さに計画している。

書斎へは、1階のダイニングから階段を下りる。食卓に腰かけると書斎のデスクに向かう人は見えないが、上部はつながっており、気配を感じられる。デスクの後ろは壁全面の本棚で、振り返ると手が届く距離に計画されている。頭上に軽やかな階段が架かり、トップライトからのやさしい光が差し込む、居心地のよい空間になっている。 ⓣ

ダイニングから書棚を見る。書斎は階段の下に位置する。
図書館員の施主にとって、光に浮かび上がる書棚を望むダイニングも「特等席」。

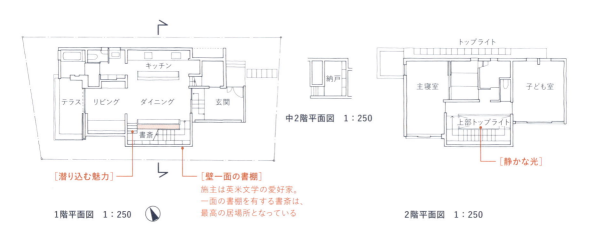

[潜り込む魅力]

[壁一面の書棚]
施主は英米文学の愛好家。
一面の書棚を有する書斎は、
最高の居場所となっている

[静かな光]

1階平面図　1：250

中2階平面図　1：250

2階平面図　1：250

28　Chapter 2　座りたくなる住宅 40事例

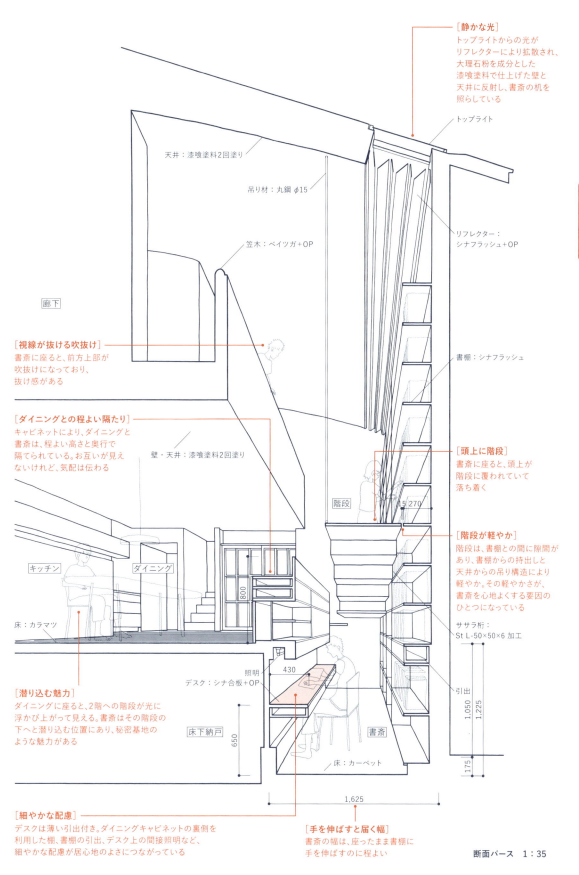

断面パース 1:35

02 境界のテーブルに向かう

織の家

植木幹也+進士茶織 / スタジオシナプス

所在地：群馬県みどり市
延床面積：108.60㎡
構造：木造
竣工年：2009年
撮影：鳥村鋼一

周囲に田畑が広がり、空を大きく感じる敷地。平屋という条件で、空間が「つながっているということ」を意識し、移動できるという身体的なつながりと、開口部を通して見える視覚的なつながりを操作して、空間に新たな関係を生み出している。

家の中央付近にはガラス屋根が架けられ、その下を「光の間」としている。リビングとの境界には長いテーブルが設えられ、二室の空間のコントラストに、惹きつけられる。書斎との境界には一部通路としても使われる本棚が設えられている。

[本棚をまたがせる]
「光の間」と書斎・寝室の行き来のたびに本棚をまたぐつくり。移動、ひいてはつながりを意識させるための仕掛け

[とても長いテーブル]

[テーブルでつながる]
「光の間」と子ども室は、戸を引き込むと一部屋に。子どもたちがテーブルに向かうと、リビングの家族とつながる

平面図　1：250

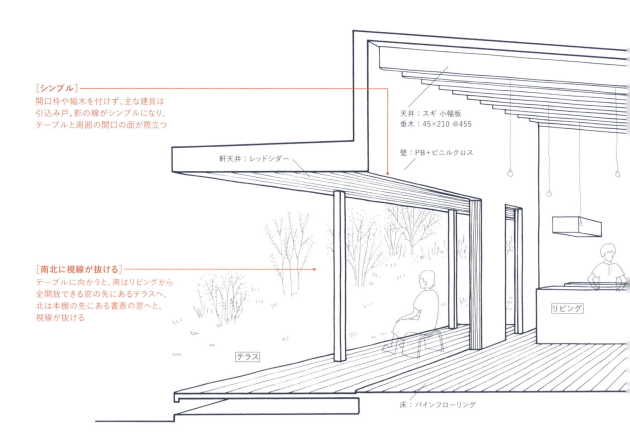

[シンプル]
開口枠や幅木を付けず、主な建具は引込み戸。影の線がシンプルになり、テーブルと周囲の開口の面が際立つ

天井：スギ 小幅板
垂木：45×210 @455

壁：PB+ビニルクロス

軒天井：レッドシダー

[南北に視線が抜ける]
テーブルに向かうと、南はリビングから全開放できる窓の先にあるテラスへ、北は本棚の先にある書斎の窓へと、視線が抜ける

テラス

リビング

床：パインフローリング

リビングから光の間を見る。
南北に連続する開口により奥まで視覚的につながる。領域の境界にはテーブルと本棚がはめ込まれている。

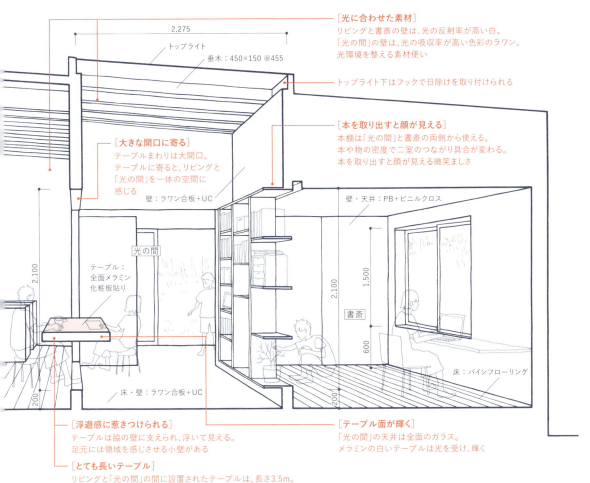

［光に合わせた素材］
リビングと書斎の壁は、光の反射率が高い白。
「光の間」の壁は、光の吸収率が高い色彩のラワン。
光環境を整える素材使い

トップライト下はフックで日除けを取り付けられる

［本を取り出すと顔が見える］
本棚は「光の間」と書斎の両側から使える。
本や物の密度で二室のつながり具合が変わる。
本を取り出すと顔が見える微笑ましさ

［大きな開口に寄る］
テーブルまわりは大開口。
テーブルに寄ると、リビングと「光の間」を一体の空間に感じる

［浮遊感に惹きつけられる］
テーブルは脇の壁に支えられ、浮いて見える。
足元には領域を感じさせる小壁がある

［とても長いテーブル］
リビングと「光の間」の間に設置されたテーブルは、長さ3.5m。
空間の主役になっている

［テーブル面が輝く］
「光の間」の天井は全面のガラス。
メラミンの白いテーブルは光を受け、輝く

机・テーブル

断面パース　1：40

31

03 光と影の織りなす場
河原の舎
服部信康建築設計事務所

所在地：愛知県小牧市
延床面積：90.25㎡
構造：木造
竣工年：2015年
撮影：西川公朗

個室前からDKの向こうにフリースペースを望む。入れ子状の空間に、トップライトからの光と外周の窓からの光が影をつくり、空間の奥行や素材感を強調している。

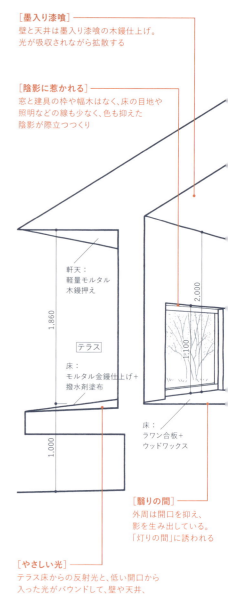

[墨入り漆喰]
壁と天井は墨入り漆喰の木鏝仕上げ。光が吸収されながら拡散する

[陰影に惹かれる]
窓と建具の枠や幅木はなく、床の目地や照明などの線も少なく、色も抑えた陰影が際立つつくり

[翳りの間]
外周は開口を抑え、影を生み出している。「灯りの間」に誘われる

[やさしい光]
テラス床からの反射光と、低い開口から入った光がバウンドして、壁や天井、開口の下端もやさしく照らす

平面図　1：250

[灯りの間]
[4段下る]
[翳りの間]

[ダイニング・キッチンのまわりが動線に]
ダイニング・キッチンの周囲を歩く間取り。ダイニング・キッチンに意識が向き、誘い込まれる

32　Chapter 2　座りたくなる住宅 40事例

祖母から譲り受けた住まいの建替え。平坦な住宅団地の南西角地で、西側の道路の向かいに公園がある。土地の風景を残すために、10m角の平屋を北東に寄せて配置。道路沿いを庭と駐車場にしてまちに開き、屋根を方形にして外周部のボリュームを抑えている。

間取りは入れ子状になっており、中央のダイニングキッチン（以下DK）を、玄関、フリースペース、個室群が囲んでいる。DKにはトップライトから光が差し込み、一方で外周の開口高さは抑えられ、陰影が際立っている。DKは周囲よりも4段下がっており、その高さを利用して、壁沿いにはデスクやソファが設えられ、家族が思い思いに過ごせるようになっている。　　Ⓣ

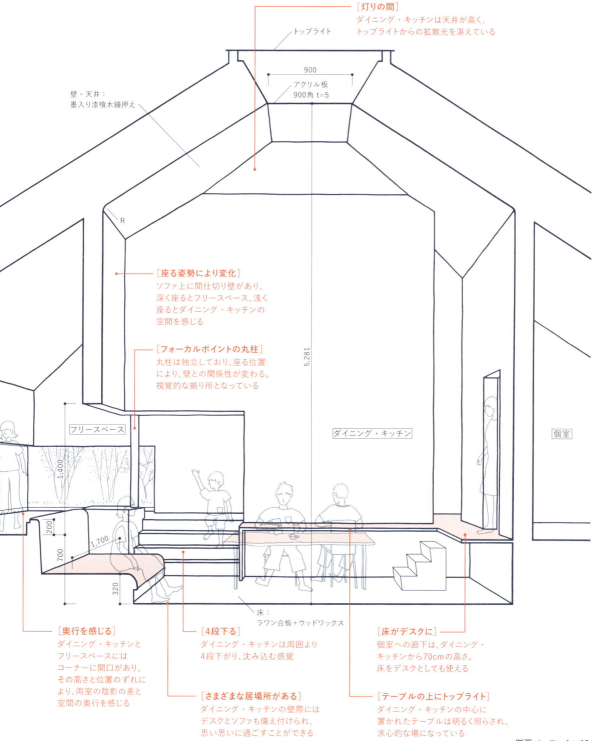

断面パース　1:40

04 テーブルの部屋
桜台の住宅
長谷川豪建築設計事務所

所在地：三重県
延床面積：138.88㎡
構造：木造
竣工年：2006年
撮影：新建築社

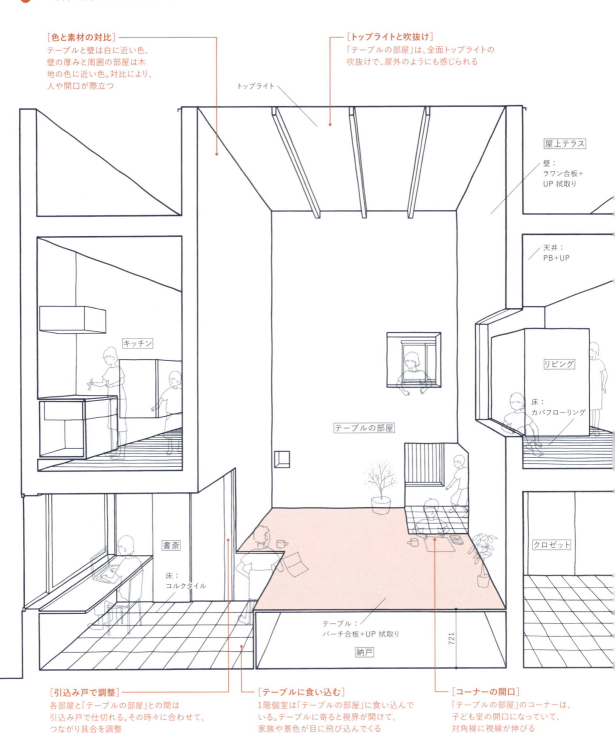

[色と素材の対比]
テーブルと壁は白に近い色、壁の厚みと周囲の部屋は木地の色に近い色。対比により、人や開口が際立つ

[トップライトと吹抜け]
「テーブルの部屋」は、全面トップライトの吹抜けで、屋外のようにも感じられる

[引込み戸で調整]
各部屋と「テーブルの部屋」との間は引込み戸で仕切れる。その時々に合わせて、つながり具合を調整

[テーブルに食い込む]
1階個室は「テーブルの部屋」に食い込んでいる。テーブルに寄ると視界が開けて、家族や景色が目に飛び込んでくる

[コーナーの開口]
「テーブルの部屋」のコーナーは、子ども室の開口になっていて、対角線に視線が伸びる

断面パース　1：45

34　Chapter 2　座りたくなる住宅 40事例

［さまざまな開口］
「テーブルの部屋」の開口も、外壁の開口も、位置や目的に合わせて、高さや幅はさまざま。
見通しを予期できない面白さ

2階ホールからテーブルの部屋を見下ろす。各部屋はテーブルの部屋を介して、やわらかく関係づけられている。

机・テーブル

のびやかで明るい住宅地に建つ、夫婦と子どもふたりの家。施主の要望は、広いワークスペースと、いつもなんとなく家族の気配を感じられること。建物は広い敷地のほぼ中央に配置され、外周を庭に囲まれる。建物の真ん中には全面トップライトの吹抜けの部屋があり、その部屋いっぱいに大きなテーブルが設けられている。1階の個室や2階のLDKがテーブルの部屋を囲む間取りで、テーブルに寄ると、内外に開けられた開口から、離れた部屋にいる家族や、空や景色が目に飛び込んでくる。　Ⓣ

壁：
シナ合板＋
UP

2,800
275
2,100

［2階とテーブルも近い］
1階の階高を抑えることにより2階とテーブルの距離が近くなり、身近な場に感じられる

［テーブルが広い］
テーブルは4m角の広さ。各個室からテーブルに向かった際の距離感が新鮮

［コーナーの開口］

［ロの字の間取り］
1階は個室、2階はLDKが「テーブルの部屋」を囲む。居場所により、家族が見えたり隠れたり、ゆるやかに気配を感じられる

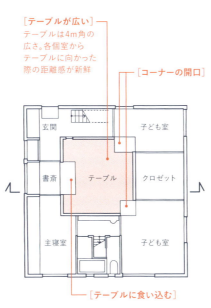

［テーブルに食い込む］

1階平面図　1：200　　　　　　　　　2階平面図　1：200

35

05 大屋根の下の大テーブルが生活の基点となる

ナガレノイエ

比護結子 / ikmo

所在地：千葉県流山市
延床面積：88.50㎡
構造：木造
竣工年：2017年
撮影：西川公朗

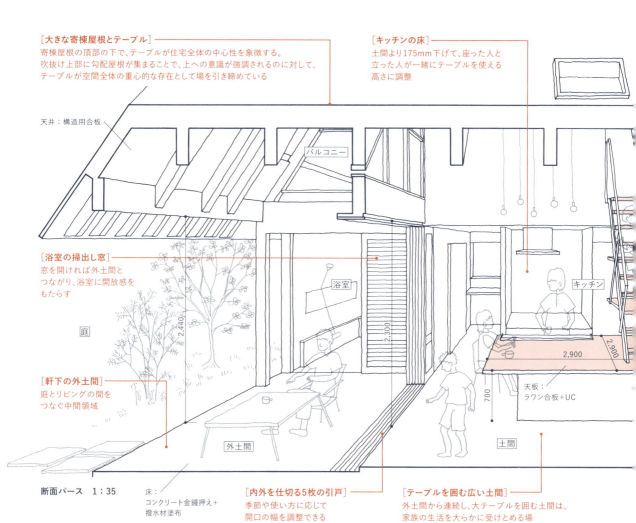

土間の重心的なテーブル。テーブルから延びる階段のササラ桁から戸棚も吊られている。

机・テーブル

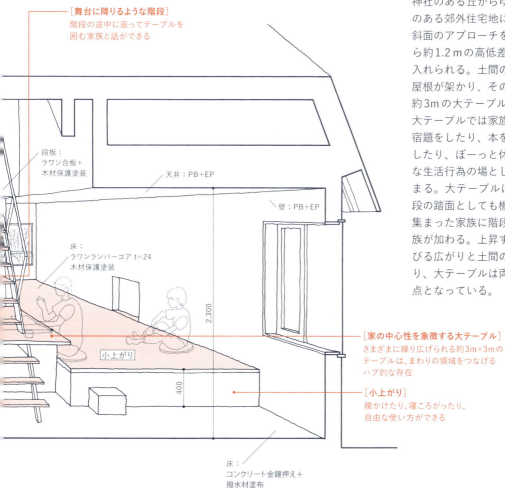

[舞台に降りるような階段]
階段の途中に座ってテーブルを囲む家族と話ができる

段板：
ラワン合板＋
木材保護塗装

天井：PB+EP

壁：PB+EP

床：
ラワンランバーコア t=24
木材保護塗装

2,300

小上がり

400

床：
コンクリート金鏝押え＋
撥水材塗布

[家の中心性を象徴する大テーブル]
さまざまに繰り広げられる約3m×3mのテーブルは、まわりの領域をつなげるハブ的な存在

[小上がり]
腰かけたり、寝ころがったり、自由な使い方ができる

神社のある丘からゆるやかに続く起伏のある郊外住宅地に建つ。ゆるやかな斜面のアプローチを上り、前面道路から約1.2mの高低差のある土間に迎え入れられる。土間の上には大きな寄棟屋根が架かり、その大屋根の下に縦横約3mの大テーブルが据えられている。大テーブルでは家族が食事をしたり、宿題をしたり、本を読んだり、調理をしたり、ぼーっと休んだり、さまざまな生活行為の場として自然と家族が集まる。大テーブルは、2階へ上がる階段の踏面としても機能し、テーブルに集まった家族に階段を上り下りする家族が加わる。上昇する屋根の垂直に延びる広がりと土間のつくる水平の広がり、大テーブルは両者を結ぶ家族の基点となっている。

Ⓚ

06 動線がからむ大きなテーブル

kinari

松野勉＋相澤久美 / ライフアンドシェルター社

建設地：神奈川県三浦郡
延床面積：148.20㎡
構造：木造
竣工年：2009年
撮影：西川公朗

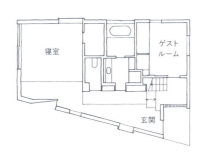

1階平面図　1：250

[座り方に合わせた床高]

[テーブルに誘導される]
テーブルを貫く階段を上がり、テーブルの周囲をまわり、屋上へ。テーブルが身近で座りたくなる間取り

[テーブルが大きい]
テーブルは8畳の大きさ。大きさに惹きつけられ、テーブルに向かう人どうしの距離がのびやかに

2階平面図　1：250

東京近郊に建つ週末住宅。2階はワンルームのLDKで、8畳の広さのテーブルが設えられている。スケールアウトしたテーブルのまわりでは、座る位置により人と好ましい距離をとることができる。テーブルまわりの床は、位置により高さと素材が異なり、場に合わせて天井の高さも切り替えられている。思い思いに過ごせるので、食事や調理ほか、家族の集まる居場所となっている。屋上にも長さ7mのスケールアウトしたテーブルが設えられている。床の高さが4段階に変化するので、目的に合わせた座り方・使い方ができる。❶

[屋上にも大テーブル＋段差]
屋上のテーブルもスケールアウトしている。テーブル周囲の床は屋根の勾配なりにレベル差がある

[景色を切り取る南窓]
南の隣家は隠し、緑は見えるように、壁、出入りの窓、FIX窓を組み合わせている

断面パース　1：45

机・テーブル

ダイニング小上がりからリビングを見る。架構や開口部の額縁、設備・収納など実利的な要素を覆い隠し、すべて珪藻土仕上げとすることで、設計者の意図する中空の量塊を生み出している。

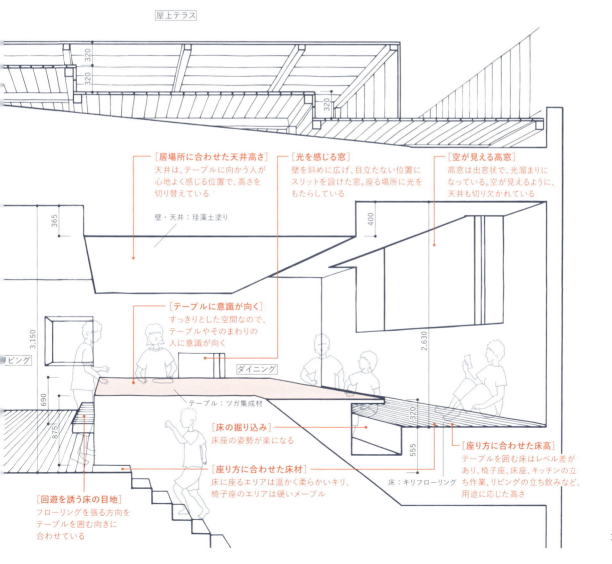

屋上テラス

[居場所に合わせた天井高さ]
天井は、テーブルに向かう人が心地よく感じる位置で、高さを切り替えている

[光を感じる窓]
壁を斜めに広げ、目立たない位置にスリットを設けた窓。座る場所に光をもたらしている

[空が見える高窓]
高窓は出窓状で、光溜まりになっている。空が見えるように、天井も切り欠かれている

壁・天井：珪藻土塗り

[テーブルに意識が向く]
すっきりとした空間なので、テーブルやそのまわりの人に意識が向く

ダイニング

テーブル：ツガ集成材

[床の掘り込み]
床座の姿勢が楽になる

[座り方に合わせた床材]
床に座るエリアは温かく柔らかいキリ、椅子座のエリアは硬いメープル

床：キリフローリング

[座り方に合わせた床高]
テーブルを囲む床はレベル差があり、椅子座、床座、キッチンの立ち作業、リビングの立ち飲みなど、用途に応じた高さ

[回遊を誘う床の目地]
フローリングを張る方向をテーブルを囲む向きに合わせている

39

07 窓辺を挟んで内外がつながる居場所
稲村の森の家
フジワラテッペイアーキテクツラボ

所在地：神奈川県鎌倉市
延床面積：183.58㎡
構造：木造SE構法
竣工年：2017年
撮影：FUTA Moriishi / Nacása & Partners Inc.

開口部前のベンチ。外のベンチに腰かけた人と中のテーブルの席に座った人が自然にコミュニケーションをとれる。

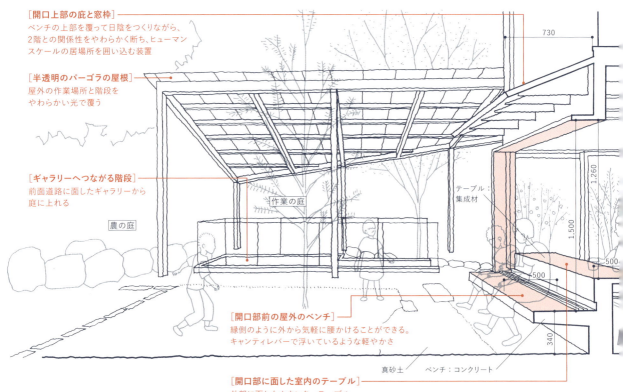

[開口上部の庇と窓枠]
ベンチの上部を覆って日陰をつくりながら、2階との関係性をやわらかく断ち、ヒューマンスケールの居場所を囲い込む装置

[半透明のパーゴラの屋根]
屋外の作業場所と階段をやわらかい光で覆う

[ギャラリーへつながる階段]
前面道路に面したギャラリーから庭に上れる

[開口部前の屋外のベンチ]
縁側のように外から気軽に腰かけることができる。キャンティレバーで浮いているような軽やかさ

[開口部に面した室内のテーブル]
外部に面したカウンターテーブル。外を眺めながら、外のベンチに腰かけた人と話ができる

農の庭　作業の庭　真砂土　ベンチ：コンクリート　テーブル：集成材

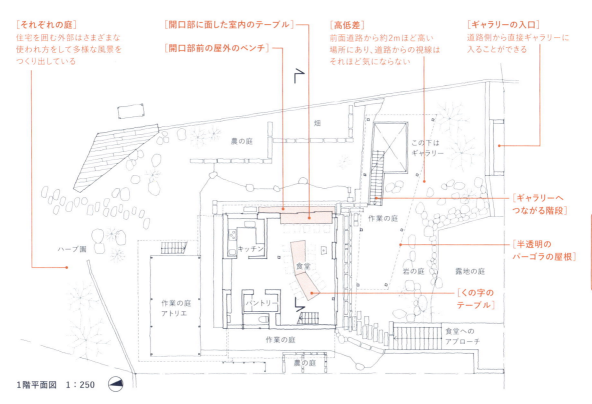

1階平面図　1：250

背後に森を抱え、歩いて海にも行ける場所に建つ。前面道路に面したギャラリーと、食堂を開くことを想定した住宅。道路から2mほどの高低差のあるアプローチを上ると、大きな掃出し窓に面した食堂が迎えてくれる。目の前には森の緑が広がり、食堂の窓に面したテーブルの先には、外部から腰かけられるベンチが設けられている。外部に延長された窓枠や庇は人々が座りたくなるきっかけとなり、内外の境界を曖昧にし、座った人どうしの距離を縮める。　Ⓚ

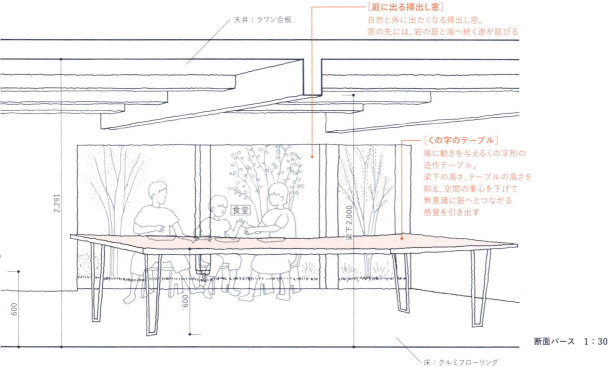

断面パース　1：30

08 建具と家具の「奥行」に座る

蔀戸の家

ツバメアーキテクツ+
Sawada Hashimura studio

所在地：神奈川県横浜市
延床面積：137.25㎡
構造：木造
竣工年：2015年
撮影：Kenta Hasegawa

父親がひとりで住んでいた築30年の木造住宅に娘夫婦が同居することをきっかけに改装。寝室は道路に面した2階に位置し、外部からの音や視線を遮りながら、光や風通しを確保する工夫が求められた。室内側に設けた収納の奥行を利用した腰かけ、その手前にはFRP板を張った蔀戸を設け、開口部まわりに外と中をつなぐ居場所をつくり出している。 Ⓚ

蔀戸を開いたところ。FRPの蔀戸にまちの風景が映り込んでいる。

09 可変する窓辺に座る

出窓の家

ツバメアーキテクツ

所在地：神奈川県横浜市
延床面積：約100㎡
構造：木造、一部鉄骨造
竣工年：2018年
撮影：阿野太一

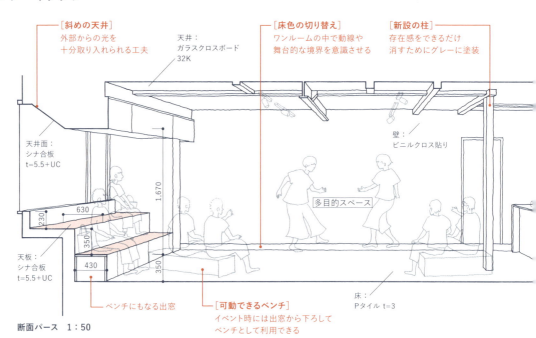

[斜めの天井] 外部からの光を十分取り入れられる工夫
[床色の切り替え] ワンルームの中で動線や舞台的な境界を意識させる
[新設の柱] 存在感をできるだけ消すためにグレーに塗装

天井：ガラスクロスボード 32K
天井面：シナ合板 t=5.5+UC
壁：ビニルクロス貼り
天板：シナ合板 t=5.5+UC
床：Pタイル t=3

多目的スペース

ベンチにもなる出窓
[可動できるベンチ] イベント時には出窓から下ろしてベンチとして利用できる

断面パース 1:50

[蔀戸（約1,550mm角）]
FRP板を張って視線を遮りながら、光を通して明るさを確保

[既存梁]
天井が取り払われてあらわしにされた丸太の梁が、直線で構成されたインテリアに時の経過を感じられる要素として空間のアクセントになっている

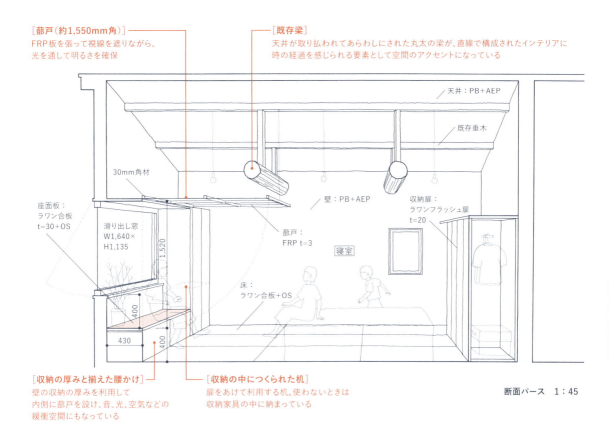

[収納の厚みと揃えた腰かけ]
壁の収納の厚みを利用して内側に蔀戸を設け、音、光、空気などの緩衝空間にもなっている

[収納の中につくられた机]
扉をあけて利用する机。使わないときは収納家具の中に納まっている

断面パース 1：45

窓辺

部屋全体を見渡せるキッチン

多目的スペースから出窓を見る。
出窓を構成する箱を下ろしてベンチとして利用することができる。

住宅は家族のためにつくられるものであるが、そんなプライベートな空間を構成するエレメントを見つめ直し、1階を多目的なスペース、2階をシェアハウスへと再構成したリノベーション。前面道路側の小さな出窓の手前にベンチにもなる箱を組み合わせ、奥行のある出窓に再編成している。イベント時には箱をベンチとして床に下ろし、出窓自体も腰かけられる場所になる。

K

10 都会で大自然を感じる
Todoroki House in Valley
Atelier Tsuyoshi Tane Architects

所在地：東京都世田谷区　延床面積：167.11㎡
構造：木造　竣工年：2018年　撮影：Yuna Yagi

LDKの北（エントランスホール下）から南を見る。四周を隣家に囲まれているが、豊かな庭と、自然の一部に感じられるような家のつくりにより、大自然の中に居るように感じられる。

住宅地の奥まった私道の先にある敷地。谷間の高台で、約3分の1が道路より2m下がっている。周辺には住宅が立ち並んでいる一方で、鬱蒼とした森林もある。敷地の地面近くは湿度が高く、上空には風が吹き抜ける。

下階は1mほど地面に埋め込まれ、窓際にベンチが設えられている。腰かけると地面近くの自然が視界いっぱいに広がる。上階は水平に張り出され、梢が迫る。窓際に座ると、風の音や小鳥の声を近くに感じる。下階と上階がそれぞれの環境に合うように設計されており、いつまでも座っていたくなる、自然の一部のような家である。　Ⓣ

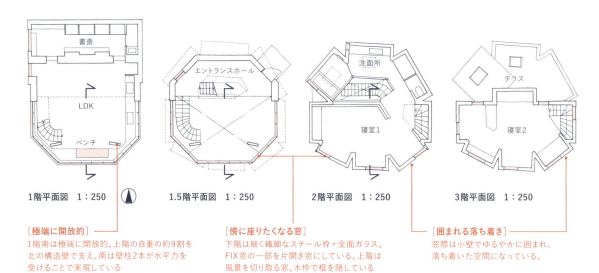

1階平面図　1：250

1.5階平面図　1：250

2階平面図　1：250

3階平面図　1：250

［極端に開放的］
1階南は極端に開放的。上階の自重の約9割を北の構造壁で支え、南は壁柱2本が水平力を受けることで実現している

［傍に座りたくなる窓］
下階は細く繊細なスチール枠＋全面ガラス。FIX窓の一部を片開き窓にしている。上階は風景を切り取る窓。木枠で框を隠している

［囲まれる落ち着き］
窓際は小壁でゆるやかに囲まれ、落ち着いた空間になっている。

44　Chapter 2　座りたくなる住宅 40事例

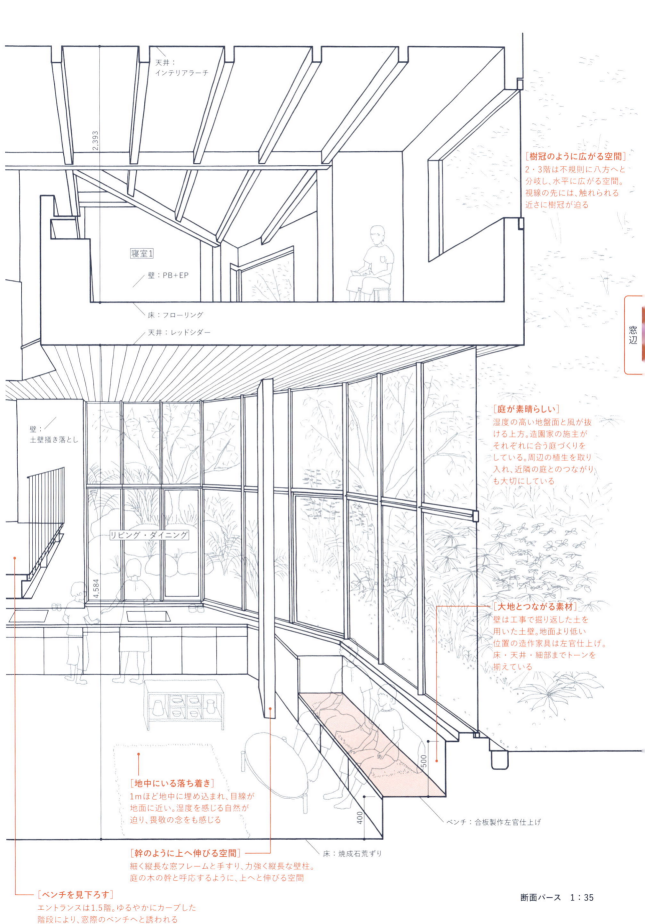

断面パース 1:35

11 角地を彩る小さな居場所となる「マド」
マドノスミカ
御手洗龍建築設計事務所

所在地：東京都品川区
延床面積：106.41㎡
構造：鉄骨造
竣工年：2015年
撮影：中村絵

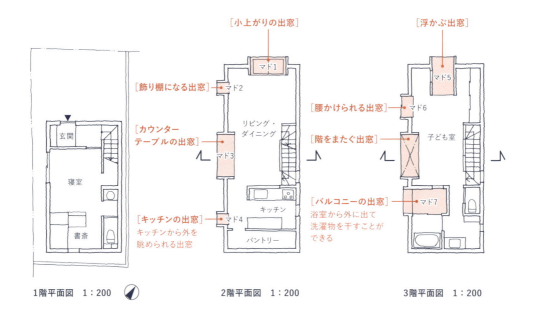

1階平面図　1:200　　2階平面図　1:200　　3階平面図　1:200

3階子ども室の出窓を見る。壁面には高さや大きさの異なる出窓が設けられている。
座ったり、寝たり、棚になったり、いろいろな使い方ができる。

周辺には3階建ての住宅が密集する角地に建つ都市型住宅。大きさの異なる出窓が接道側の二面に7カ所設けられている。床から窓台までの高さは使い方によって変えられており、カウンターテーブルになったり、子どもの寝床になったり、飾り棚になったり、いろいろな役割を果たしている。奥行や幅もさまざまな「マド」は、住宅の中にさまざまな居場所をつくり出していると同時に、角地に建つ住宅のファサードを彩り、生活の気配がにじみ出るような、まちとの交流装置にもなっている。　Ⓚ

窓辺

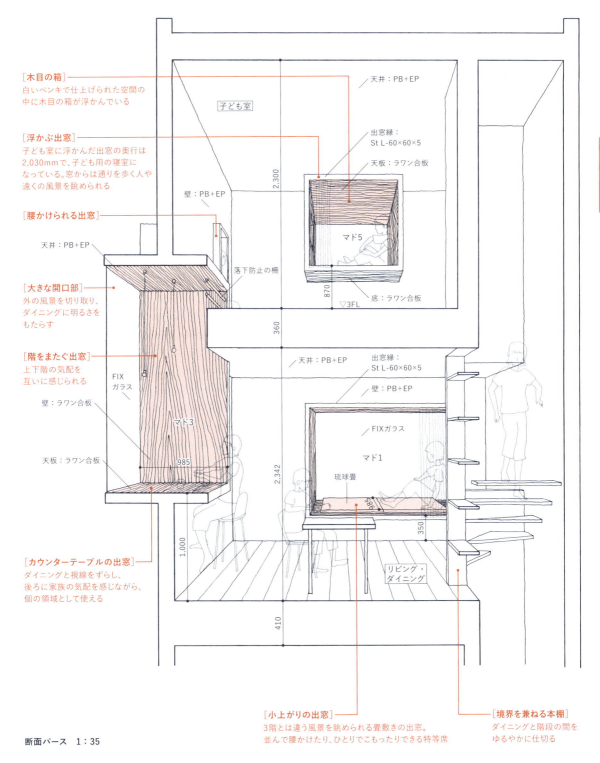

[木目の箱]
白いペンキで仕上げられた空間の中に木目の箱が浮かんでいる

[浮かぶ出窓]
子ども室に浮かんだ出窓の奥行は2,030mmで、子ども用の寝床になっている。窓からは通りを歩く人や遠くの風景を眺められる

[腰かけられる出窓]

[大きな開口部]
外の風景を切り取り、ダイニングに明るさをもたらす

[階をまたぐ出窓]
上下階の気配を互いに感じられる

[カウンターテーブルの出窓]
ダイニングと視線をずらし、後ろに家族の気配を感じながら、個の領域として使える

[小上がりの出窓]
3階とは違う風景を眺められる畳敷きの出窓。並んで腰かけたり、ひとりでこもったりできる特等席

[境界を兼ねる本棚]
ダイニングと階段の間をゆるやかに仕切る

断面パース　1：35

12 中庭に引き寄せられる窓辺

永山の家

丸山弾-スタジオ

所在地：東京都多摩市
延床面積：87.48㎡
構造：木造
竣工年：2013年
撮影：丸山弾

窓台高さ450mm
庭に出られる掃出し窓
中庭に面した縁側のような窓台 高さ390mm
出窓風の窓台 高さ390mm
[居室に囲まれた中庭] 中庭を囲むように高さを変えた開口部を設けている
中庭に面した窓台 高さ535mm

[個室の窓台] ユカ座の生活に合わせた高さ400mmの出窓
[中庭に面した窓台] 階段を上がったところに中庭を眺められる窓辺のコーナー

1階平面図 1:200　　2階平面図 1:200

三方を隣家に囲まれた半階分の高低差のある敷地に、スキップフロアで中庭を囲み住宅全体を立体的に構成している。中庭に植えられた樹木のまわりに各部屋の窓が高さを変えて配置されている。リビングの窓には腰かけられるような高さ（H=390mm）の窓台が縁側のように部屋の幅いっぱいに設けられ、その上部には、室内側に小庇が延び、外部が入り込むような印象を与えている。小庇の上の欄間から入る光は、砂漆喰で仕上げられた天井でやわらかく拡散され、リビング全体に明るさを導いている。

[光をやわらかく拡散する砂漆喰仕上げ] 開口部を通った光が、砂漆喰の天井と壁でやわらかく反射される

[枠を消した納まり] 中庭側の庇を低くしてスケールを抑え、外の風景を切り取る

[座れる窓台] 中庭の窓台と高さを揃え、対面したベンチとして利用できる

[ふかし壁] 窓台の奥行を確保するために、壁を外側にふかしている

壁：砂漆喰
床：フローリング

断面パース 1:30

2階リビング。ベンチにもなる窓台と小庇が室内側に入り込み、縁側のような中外をつなぐ居場所となっている。

窓辺

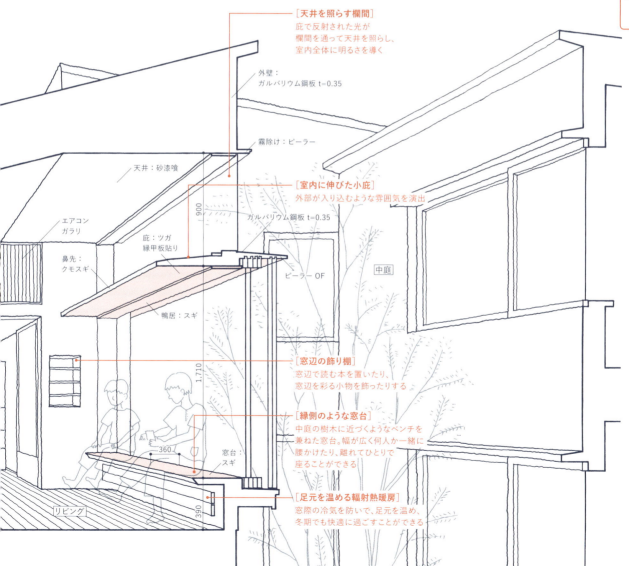

[天井を照らす欄間]
庇で反射された光が欄間を通って天井を照らし、室内全体に明るさを導く

外壁：ガルバリウム鋼板 t=0.35

霧除け：ピーラー

天井：砂漆喰

[室内に伸びた小庇]
外部が入り込むような雰囲気を演出

ガルバリウム鋼板 t=0.35

エアコンガラリ

庇：ツガ縁甲板貼り

鼻先：クモスギ

ピーラー OF

中庭

鴨居：スギ

[窓辺の飾り棚]
窓辺で読む本を置いたり、窓辺を彩る小物を飾ったりする

[縁側のような窓台]
中庭の樹木に近づくようなベンチを兼ねた窓台。幅が広く何人か一緒に腰かけたり、離れてひとりで座ることができる

窓台：スギ

リビング

[足元を温める輻射熱暖房]
窓際の冷気を防いで、足元を温め、冬期でも快適に過ごすことができる

13 土間の先の境界塀に座る

堰の家

斉藤智士 / 建築設計事務所SAI工房

所在地：大阪府豊能郡
延床面積：99.03㎡
構造：木造
竣工年：2019年
撮影：山内紀人

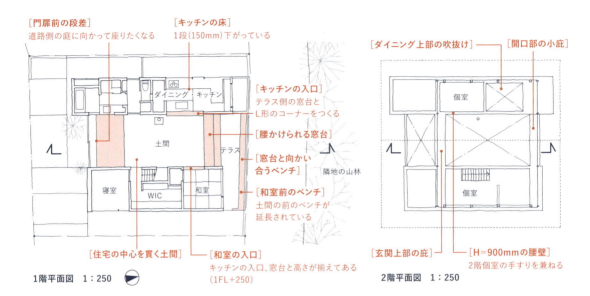

1階平面図　1：250

[門扉前の段差] 道路側の庭に向かって座りたくなる
[キッチンの床] 1段(150mm)下がっている
[キッチンの入口] テラス側の窓台とL形のコーナーをつくる
[腰かけられる窓台]
[窓台と向かい合うベンチ]
[和室前のベンチ] 土間の前のベンチが延長されている
[住宅の中心を貫く土間]
[和室の入口] キッチンの入口、窓台と高さが揃えてある (1FL+250)

2階平面図　1：250

[ダイニング上部の吹抜け]
[開口部の小庇]
[玄関上部の庇]
[H=900mmの腰壁] 2階個室の手すりを兼ねる

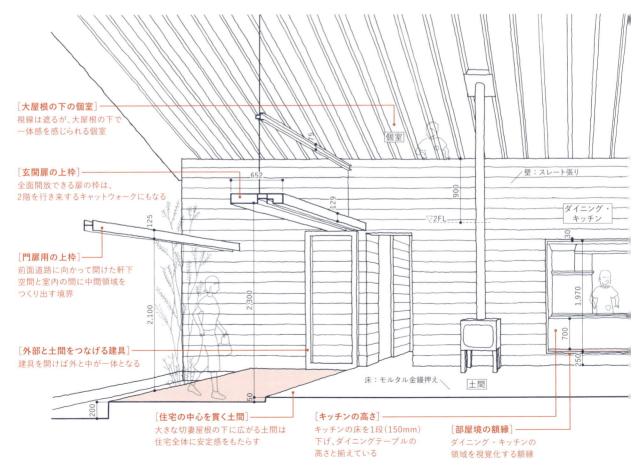

[大屋根の下の個室] 視線は遮るが、大屋根の下で一体感を感じられる個室
[玄関扉の上枠] 全面開放できる扉の枠は、2階を行き来するキャットウォークにもなる
[門扉用の上枠] 前面道路に向かって開けた軒下空間と室内の間に中間領域をつくり出す境界
[外部と土間をつなげる建具] 建具を開けば外と中が一体となる
[住宅の中心を貫く土間] 大きな切妻屋根の下に広がる土間は住宅全体に安定感をもたらす
[キッチンの高さ] キッチンの床を1段(150mm)下げ、ダイニングテーブルの高さと揃えている
[部屋境の額縁] ダイニング・キッチンの領域を視覚化する額縁

玄関側から土間を見る。
土間の向こうに裏の山林の緑が広がる。

山林に沿った自然豊かな環境の残る郊外住宅地に建つ設計者の自邸。大きな切妻屋根の下を貫く土間と隣地の山林の景色を切り取る大開口部。その窓台と土間の段差は腰かけられる高さに設定され、さらに窓の外には道路からの視線を遮る境界塀が建ち、その境界塀には腰かけられるベンチが備えられている。ダイニングキッチンを縁取る木のフレームと大開口の窓台の高さを揃えることで、土間にL形コーナーの居場所がつくられている。 Ⓚ

窓辺

登り梁：60×240 @455

[大屋根を支える連続する梁]
土間をおおらかに覆う梁

天井：構造用合板

隣地の山林

[ダイニング上部の吹抜け]
ダイニング上部は吹抜けで、大屋根の架構がダイニングからも見える

[開口部の小庇]
室内側に入り込んで、大空間の中でヒューマンスケールを感じさせる。
門扉用の上枠、玄関扉用の上枠とあわせて、全体のスラストを抑制する横架材でもある

壁：フレキシブルボード張り

ベンチ：薄塗り磨き仕上げ材

合板＋FRP防水

[ベンチの背もたれ]
腰かけると外からは隠れられる高さ

[窓台と向かい合うベンチ]
窓台と高さが揃った居場所。
足元は風が通り抜ける

[腰かけられる窓台]
開口部の幅と同じ長さの窓台兼ベンチ。机にもなる

道路

断面パース　1：45

14 商店街に向き合って座る
SPACESPACE HOUSE
香川貴範＋岸上純子 / SPACESPACE

所在地：大阪市北区
延床面積：114.86㎡
構造：木造
竣工年：2018年
撮影：鳥村鋼一

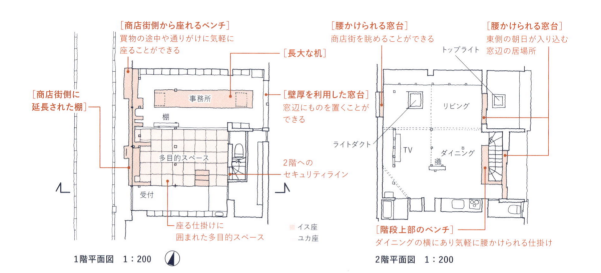

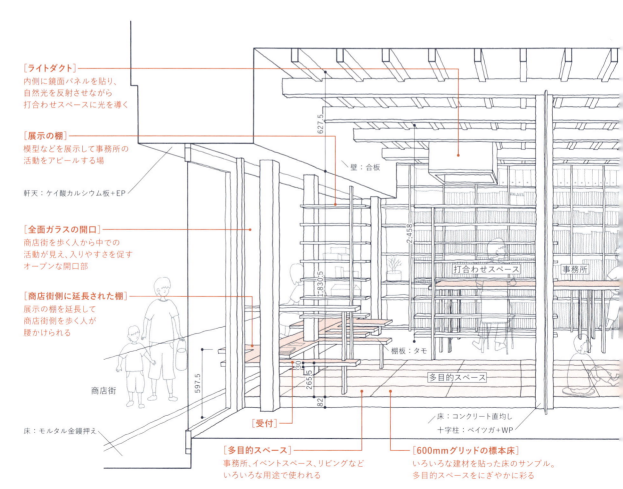

商店街側からの外観。棚が延びたベンチは商店街側から腰かけることができる。

窓辺

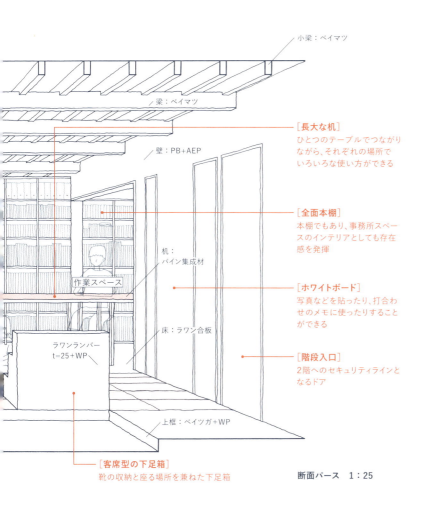

小梁：ベイマツ

梁：ベイマツ

壁：PB+AEP

[長大な机]
ひとつのテーブルでつながりながら、それぞれの場所でいろいろな使い方ができる

[全面本棚]
本棚でもあり、事務所スペースのインテリアとしても存在感を発揮

机：パイン集成材

作業スペース

[ホワイトボード]
写真などを貼ったり、打合わせのメモに使ったりすることができる

床：ラワン合板

ラワンランバー
t=25+WP

[階段入口]
2階へのセキュリティラインとなるドア

上框：ベイツガ+WP

[客席型の下足箱]
靴の収納と座る場所を兼ねた下足箱

断面パース　1：25

駅からほど近い商店街の中に位置する店舗併用住宅のリノベーション。商店街に面したシャッターを取り外して全面をガラスの開口とし、1階の設計事務所は、人が集まる多目的なスペースとしても開放されている。商店街に面した展示用の棚は、奥行や幅が変化し、その一部には商店街側から気軽に腰かけることもでき、人々を呼び込むきっかけとなる装置になっている。室内を構成する材は、主構造を成す黒く塗装された柱と梁、グレーに塗装された2次部材、それ以外の無塗装の材と、役割に応じて塗り分けられている。それらに囲まれた室内には、本、カーテンレール、時計、神棚、照明など、生活に関わるさまざまなものが室内にあふれ出し、商店街の賑わいが住宅の内に再現されたような、いきいきとした雰囲気で住空間が彩られている。　K

15 既存軸組から解放された床に座る
武蔵境の住宅
伊藤暁建築設計事務所

所在地：東京都三鷹市
延床面積：96.61㎡
構造：木造（改修）
竣工年：2016年
撮影：伊藤暁

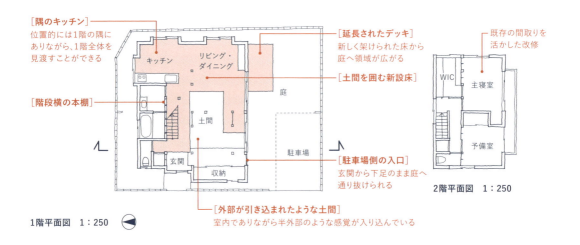

[隅のキッチン]
位置的には1階の隅にありながら、1階全体を見渡すことができる

[延長されたデッキ]
新しく架けられた床から庭へ領域が広がる

[土間を囲む新設床]

既存の間取りを活かした改修

[階段横の本棚]

[駐車場側の入口]
玄関から下足のまま庭へ通り抜けられる

[外部が引き込まれたような土間]
室内でありながら半外部のような感覚が入り込んでいる

1階平面図　1：250

2階平面図　1：250

[小梁の列]
空間の方向性を外部へ誘導する

[階段横の本棚]
柱間を利用した本棚。
登っている途中も楽しくなり階段に腰かけて読みたくなる

東京郊外に建つ築42年の木造戸建て住宅のリノベーション。玄関を入ると広い土間が1階の中心まで入り込み、その土間を囲むように座りやすい段差（360mm）で既存の柱梁のグリッドをずらした新しい床が置かれている。玄関から土間を通ってそのまま（下足のまま）庭に出ることができ、古民家の土間のような内外の領域が曖昧なおおらかさと、土に近い生活に対する懐かしさを感じる居場所になっている。新旧の要素の間は生活する住人の使い方にゆだねられている。

[土間から1段上がった床]
既存の柱列とはあえてずらして置かれた床。
ずらすことで、既存のグリッドから解放され、余白が生まれる

ダイニングから土間を見る。土間を囲む新しい床は外部からも腰かけられる高さ。

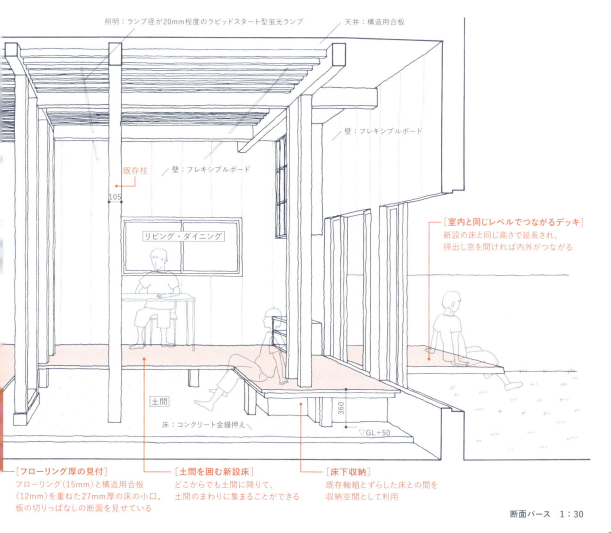

床

照明：ランプ径が20mm程度のラピッドスタート型蛍光ランプ
天井：構造用合板
壁：フレキシブルボード
壁：フレキシブルボード
既存柱
105
リビング・ダイニング
土間
床：コンクリート金鏝押え
360
▽GL+50

[室内と同じレベルでつながるデッキ]
新設の床と同じ高さで延長され、掃出し窓を開ければ内外がつながる

[フローリング厚の見付]
フローリング（15mm）と構造用合板（12mm）を重ねた27mm厚の床の小口。板の切りっぱなしの断面を見せている

[土間を囲む新設床]
どこからでも土間に降りて、土間のまわりに集まることができる

[床下収納]
既存軸組とずらした床との間を収納空間として利用

断面パース　1：30

16 路地に浮かぶ床
川西の住居
タトアーキテクツ / 島田陽建築設計事務所

所在地：兵庫県川西市
竣工年：2013年
延床面積：107.73㎡
構造：鉄骨造
撮影：タトアーキテクツ

北側から延びる道路がこの敷地の東側で幅70cmほどに狭まる。この道路の通過機能を保持するために、1階の壁を敷地境界線からセットバックさせ、周辺の住宅地から連続するようにコンクリートブロックの壁をずらして配置することで、室内と道路が重なって公私の境界が曖昧に感じられる不思議な空間の広がりが生じている。1階の天井懐を閉じずに2階の床を軽やかに切り離して独立柱で支え、1階の天井と2階の床の段差を机として利用したスタディルームにしている。Ⓚ

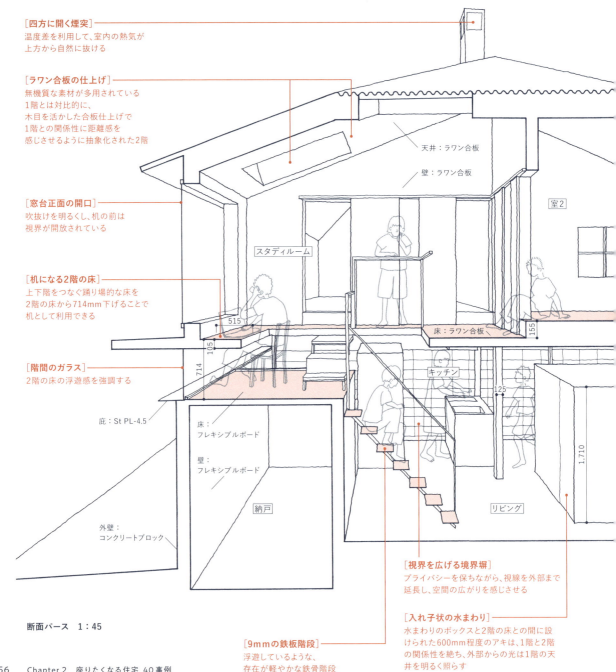

[四方に開く煙突]
温度差を利用して、室内の熱気が上方から自然に抜ける

[ラワン合板の仕上げ]
無機質な素材が多用されている1階とは対比的に、木目を活かした合板仕上げで1階との関係性に距離感を感じさせるように抽象化された2階

[窓台正面の開口]
吹抜けを明るくし、机の前は視界が開放されている

[机になる2階の床]
上下階をつなぐ踊り場的な床を2階の床から714mm下げることで机として利用できる

[階間のガラス]
2階の床の浮遊感を強調する

[視界を広げる境界塀]
プライバシーを保ちながら、視線を外部まで延長し、空間の広がりを感じさせる

[入れ子状の水まわり]
水まわりのボックスと2階の床との間に設けられた600mm程度のアキは、1階と2階の関係性を絶ち、外部からの光は1階の天井を明るく照らす

[9mmの鉄板階段]
浮遊しているような、存在が軽やかな鉄骨階段

断面パース　1:45

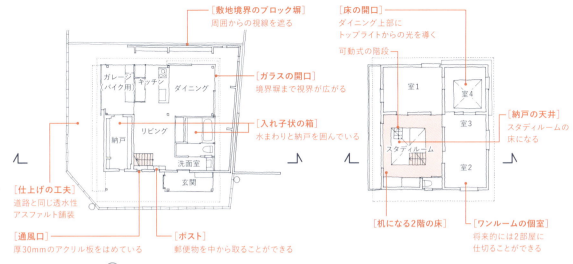

1階平面図　1：250

2階平面図　1：250

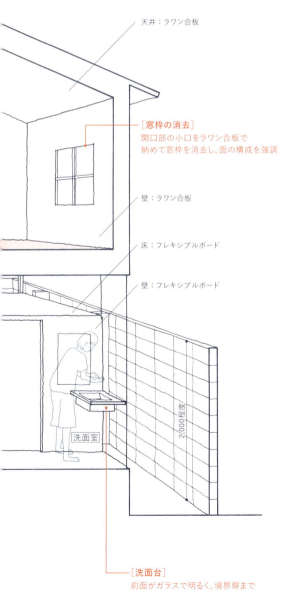

スタディルームは上下階の移動動線の途中にあり、踊り場的な滞留空間でもある。

17 階段を挟んで並んだ高さの異なる居場所

ダンダンダニエ

長岡勉＋田中正洋 / POINT、横尾真 / OUVI

所在地：東京都目黒区
延床面積：89.83㎡
構造：木造
竣工年：2009年
撮影：畑拓

ダイニングから和室とリビングを見る。階段の手すりでゆるやかに仕切られた先に視界が広がる。

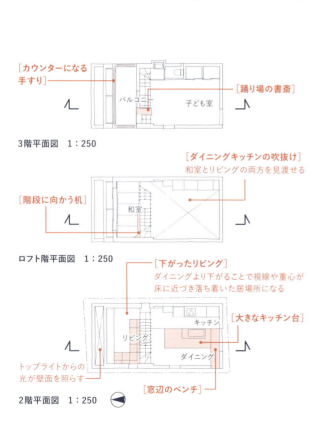

［カウンターになる手すり］

［踊り場の書斎］

3階平面図　1:250

［ダイニングキッチンの吹抜け］
和室とリビングの両方を見渡せる

［階段に向かう机］

ロフト階平面図　1:250

［下がったリビング］
ダイニングより下がることで視線や重心が床に近づき落ち着いた居場所になる

［大きなキッチン台］

トップライトからの光が壁面を照らす

［窓辺のベンチ］

2階平面図　1:250

［カウンターになる手すり］
手すりの幅は120mmで、コップを置いたりできるようになっている

手すり：St製作

天井：合板
植物性オイルワックス塗布

［腰壁の山脈画］
畳を田んぼに見立てて山並みが描かれている

［トップライト］
リビングの壁を照らし、室全体に明るさを導く

壁：珪藻土紙貼り

［鉄板の階段］
階段室両側の空間のつながりをやわらかく遮りながら存在感を感じさせない鉄板の段板。両側の25mm角の鉄骨のスクリーンに溶接されている

［階段とリビングを仕切るスクリーン］
部屋境にありながら、視線を通し、空間的な奥行を感じさせる

床：カーペット

高度斜線をよけ、駐車スペースを確保する、といった都市型住宅ではよくある条件に、段状の外形とそれに呼応するように階段を挟んだスキップフロアの断面構成で応えている。スキップフロアの段差を、キッチン、手すり、ソファなど家具的な造作で整え、高さの異なるさまざまな居場所がちりばめられている。屋上から導かれた光、トップライトを通して壁で拡散された光など、多方向からの光の演出は、場に奥行と開放感を与えている。 Ⓚ

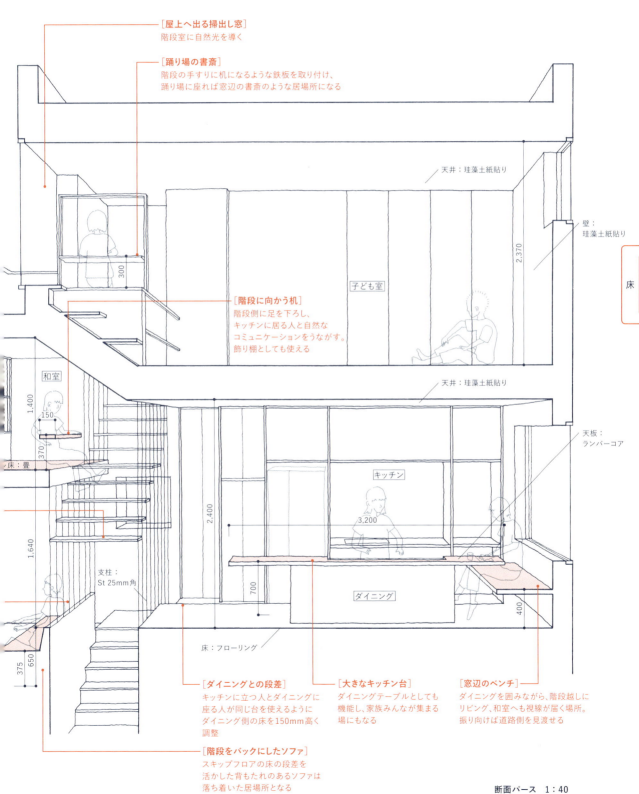

断面パース 1:40

18 光庭を挟んで向き合う居場所

光庭の棲

川本敦史+川本まゆみ / エムエースタイル建築計画

所在地：愛知県名古屋市
延床面積：97.96㎡
構造：木造
竣工年：2016年
撮影：山内紀人

リビングから光庭を見る。トップライトから光が降りそそぐ光庭を挟んで、高さの異なる居場所が構成されている。

［光が降りそそぐトップライト］

3階平面図　1：250

［回廊状の床］　［光庭に面した机］

2階平面図　1：250

［ベンチにもなる1段目］
光庭の基壇的な存在。
下は玄関収納として使える

［床のようなベンチ］
開口幅で架けられているため、
下から見ると床が浮いて
いるように見える

1階平面図　1：250

［回廊状の床］
廊下、腰かけ、テレビ台など
いろいろな役割を担う床

［内外に連続する石組みの床］
駐車場に敷かれた石の仕上げが
室内の床に連続して敷かれている

外壁：
エクステリアパネル

壁：PB+AEP

天板、床：
無垢フローリング

393
400
255.5

ジャロジー窓

60　Chapter 2　座りたくなる住宅 40事例

起伏のある住宅地で前面道路から2mほど高低差のある敷地に建つ。地形に逆らうことなく、その高低差を室内まで引き込んで自然石を積んだ階段状の光庭としている。光庭上部は大きなトップライトで覆われ、そこから光が降りそそぎ住宅全体に明るさを導いている。その光庭を挟んで、床、机、キッチンカウンターなどの水平材が異なる高さで配され、大きな光のかたまりを挟むことで適度な距離を保った家族の居場所が分散されている。　Ⓚ

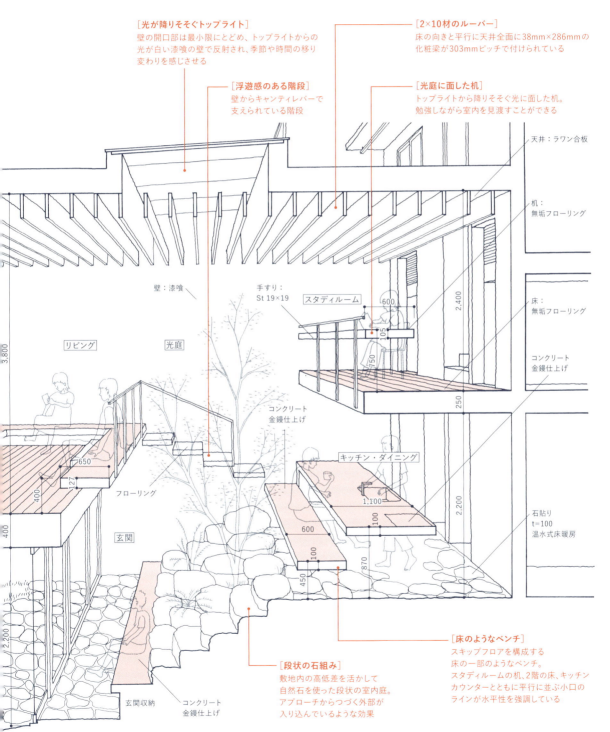

[光が降りそそぐトップライト]
壁の開口部は最小限にとどめ、トップライトからの光が白い漆喰の壁で反射され、季節や時間の移り変わりを感じさせる

[2×10材のルーバー]
床の向きと平行に天井全面に38mm×286mmの化粧梁が303mmピッチで付けられている

[浮遊感のある階段]
壁からキャンティレバーで支えられている階段

[光庭に面した机]
トップライトから降りそそぐ光に面した机。勉強しながら室内を見渡すことができる

[段状の石組み]
敷地内の高低差を活かして自然石を使った段状の室内庭。アプローチからつづく外部が入り込んでいるような効果

[床のようなベンチ]
スキップフロアを構成する床の一部のようなベンチ。スタディルームの机、2階の床、キッチンカウンターとともに平行に並ぶ小口のラインが水平性を強調している

断面パース　1：45

19 3つの「いえ」の屋根の下に開放された居場所

Newtown House

湯川晃平＋川口裕人

所在地：京都府
延床面積：154.37㎡
構造：木造
竣工年：2016年
撮影：笹の倉舎 / 笹倉洋平

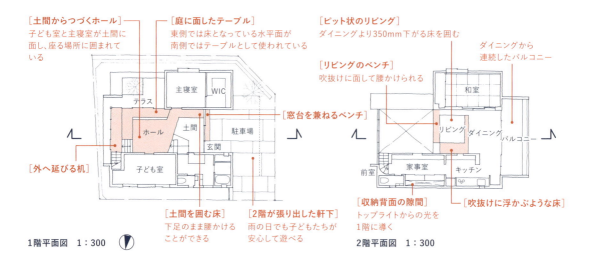

[土間からつづくホール]
子ども室と主寝室が土間に面し、座る場所に囲まれている

[庭に面したテーブル]
東側では床となっている水平面が南側ではテーブルとして使われている

[ピット状のリビング]
ダイニングより350mm下がる床を囲む

[リビングのベンチ]
吹抜けに面して腰かけられる

[窓台を兼ねるベンチ]

[外へ延びる机]

[土間を囲む床]
下足のまま腰かけることができる

[2階が張り出した軒下]
雨の日でも子どもたちが安心して遊べる

[収納背面の隙間]
トップライトからの光を1階に導く

[吹抜けに浮かぶような床]

ダイニングから連続したバルコニー

1階平面図　1：300
2階平面図　1：300

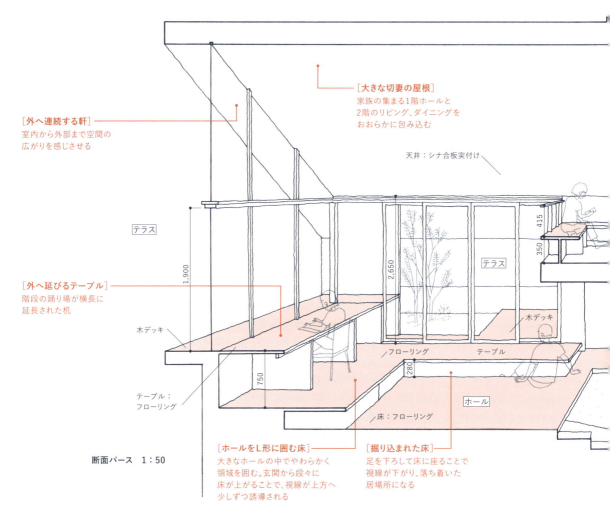

[大きな切妻の屋根]
家族の集まる1階ホールと2階のリビング、ダイニングをおおらかに包み込む

[外へ連続する軒]
室内から外部まで空間の広がりを感じさせる

[外へ延びるテーブル]
階段の踊り場が横長に延長された机

[ホールをL形に囲む床]
大きなホールの中でやわらかく領域を囲む。玄関から段々に床が上がることで、視線が上方へ少しずつ誘導される

[掘り込まれた床]
足を下ろして床に座ることで視線が下がり、落ち着いた居場所になる

断面パース　1：50

玄関側からホールを見る。
大きな切妻の開口部から空が見渡せる開放的な空間。

階段側からホールを見る。
土間の上に、リビングが浮いているように配置されている。

郊外のニュータウンの角地に、小さな3つの「いえ」を集合させた構成の住宅。駐車場から土間、ホール、テーブルと奥に進むにしたがい段階的に床が上がり、2階のリビング、ダイニングに導かれる。細やかな段差を利用して机やベンチが設えられ、各所に座る場所が点在している。1階はまちとゆるやかにつながる開放的な空間でありながら、少しずつ段差を上がることで奥に導かれ、プライベートな領域が確立されている。3つの「いえ」の屋根が反復しながら重なり、その重なりの下にいろいろな高さの座る場所が仕掛けられている。

Ⓚ

床

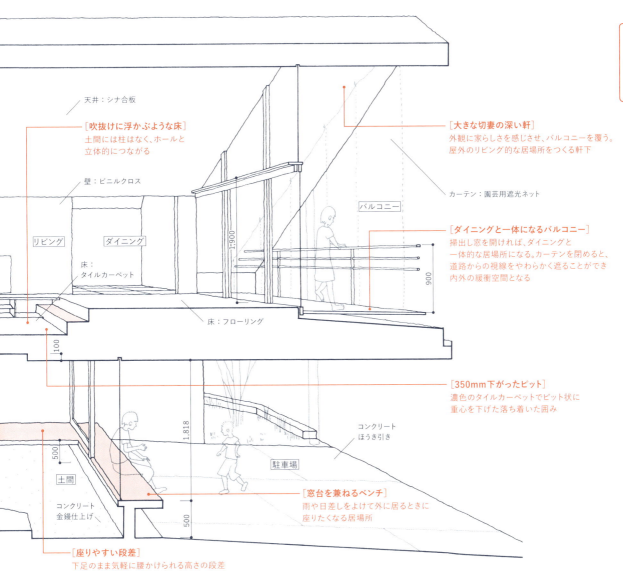

天井：シナ合板

[吹抜けに浮かぶような床]
土間には柱はなく、ホールと立体的につながる

壁：ビニルクロス

リビング

ダイニング

床：タイルカーペット

床：フローリング

[大きな切妻の深い軒]
外観に家らしさを感じさせ、バルコニーを覆う。屋外のリビング的な居場所をつくる軒下

カーテン：園芸用遮光ネット

バルコニー

[ダイニングと一体になるバルコニー]
掃出し窓を開ければ、ダイニングと一体的な居場所になる。カーテンを閉めると、道路からの視線をやわらかく遮ることができ内外の緩衝空間となる

[350mm下がったピット]
濃色のタイルカーペットでピット状に重心を下げた落ち着いた囲み

コンクリートほうき引き

駐車場

土間

コンクリート金鏝仕上げ

[窓台を兼ねるベンチ]
雨や日差しをよけて外に居るときに座りたくなる居場所

[座りやすい段差]
下足のまま気軽に腰かけられる高さの段差

20 都市に浮遊する床に座る
House NA
藤本壮介建築設計事務所

所在地：東京都
延床面積：73.76㎡
構造：鉄骨造
竣工年：2011年
撮影：Iwan Baan

[玄関から直接入れるゲストルーム]

[2階の基点となるリビング]

[住宅全体を見渡せるキッチン]

[内部に入り込んだ外部]
天空に開けた坪庭のような外部

[隠れ気味なダイニング]
ほかの床から下がった位置にあり、落ち着く場

[接道側に開かれたテラス]

1階平面図　1：200　　2階平面図　1：200　　3階平面図　1：200

　暖色系のグラデーションは、内部空間のうち、段差を利用して腰かけたり座ったりできる床を表現している。床の高さが高いほど色を濃く表現している

　グレー系のグラデーションは外部空間で、床の高さが高いほど色が濃く表現されている

東京都心の住宅地に建つ夫婦2人の住宅。住宅のイメージとして樹木が連想され、枝の先のさまざまな高さに床が架けられている。木を登っていくと異なる高さの枝が四方に広がるように、数段の段差で隣の床と行き来する。この段差を利用して腰かけたり、欄間から空を見上げたり、多様な生活のシーンが展開される。床は梁成と同じ65mmの薄さで納められ、柱の太さも同じスケールで整えられており、密集した都市空間の中で重力から解き放たれたような浮遊感のある居場所が成立している。

Ⓚ

木に登って外を眺めるような接道側のテラス。

64　Chapter 2　座りたくなる住宅 40事例

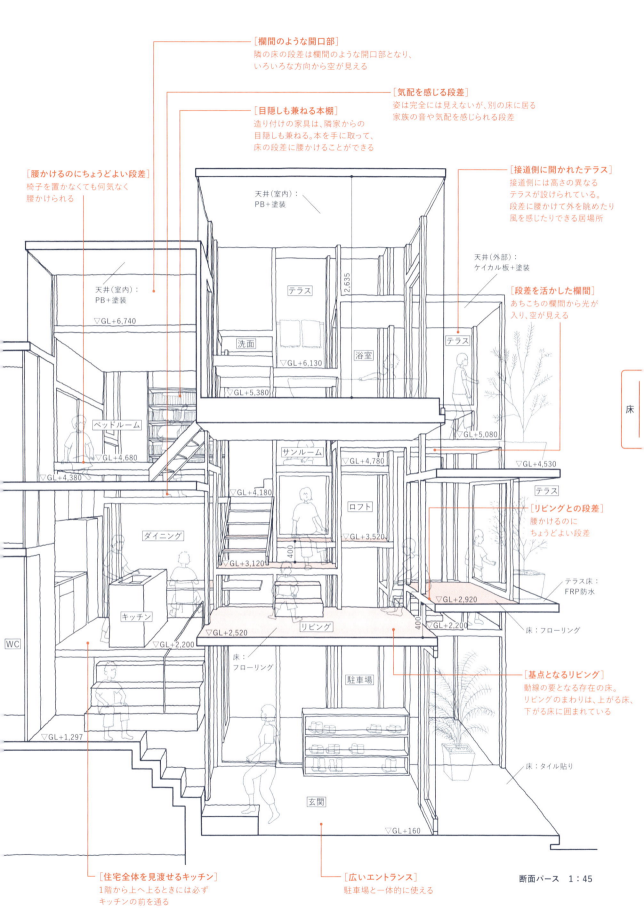

断面パース　1：45

21 新たなアクティビティを仕掛ける現代の縁側
Dragon Court Village
稲垣淳哉＋佐野哲史＋永井拓生＋堀英祐 / Eureka

所在地：愛知県岡崎市
延床面積：508㎡
構造：木造（一部鉄骨造）
竣工年：2013年
撮影：Eureka

各世帯に2台分の駐車場が確保された9住戸とアネックスからなる郊外住宅地に建つ賃貸長屋。隣どうしは、日当たりや風の通り道を考えた路地的な外部で適度に距離感が保たれ、独立的でありながら、ゆるやかにつながり、全体として集落的なまとまりを形成している。各住戸を取り巻くようにさまざまな高さで設けられたモルタルと木の屋外床、軸力を受ける独立柱と座屈止めの横つなぎ材は、住宅からのあふれ出しを受けとめ、アクティビティをうながす仕掛けになっている。

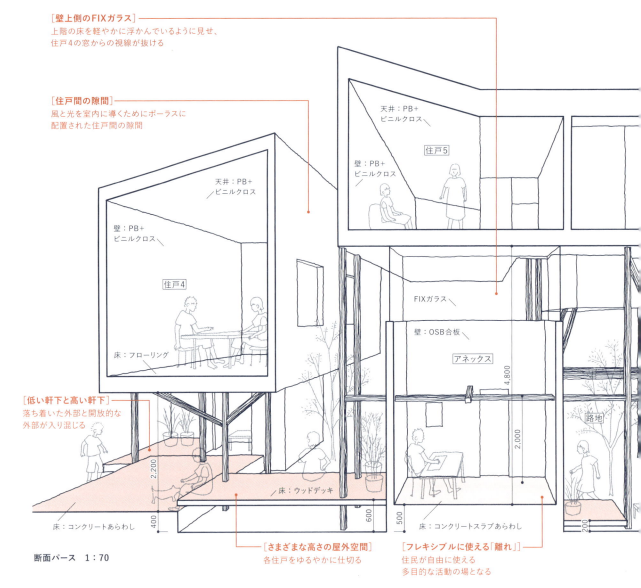

［壁上側のFIXガラス］
上階の床を軽やかに浮かんでいるように見せ、住戸4の窓からの視線が抜ける

［住戸間の隙間］
風と光を室内に導くためにポーラスに配置された住戸間の隙間

［低い軒下と高い軒下］
落ち着いた外部と開放的な外部が入り混じる

［さまざまな高さの屋外空間］
各住戸をゆるやかに仕切る

［フレキシブルに使える「離れ」］
住民が自由に使える多目的な活動の場となる

断面パース　1:70

[住戸とアネックスの入口]
中央の路地の近傍に配置されている

[駐車場を外周に分散]
住棟を敷地中央に配置し、住棟の四周に外部空間を確保している

[モルタルの床とウッドデッキ]
高さや広さを変えて置かれている

[路地と屋外倉庫をつなぐ軒下]
屋外倉庫へは雨に濡れずに行くことができる

[住戸間の隙間]

[接道部コーナーの外部床]
外からの人が入りやすくなる仕掛け

[広めの土間（モルタル床）]
外部が中まで連続しているようなエントランス階
（住戸1、2、3、4、8）

[外部の床の縁]
外部通路に面した床の縁に腰かけたりものを置いたりできる

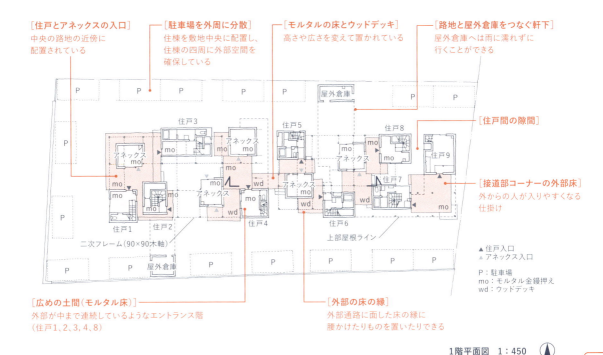

1階平面図　1：450

[勾配屋根]
さまざまな角度の勾配屋根は内部空間に広がりを感じさせると同時に、長屋全体に集落的なまとまりを生じさせる

[LVL90mm角の構造フレーム]
軸力を負担する柱と座屈止めの横つなぎ材

[腰かけやすい高さのデッキ]
隣家どうしの距離感を適度に保ち、+αの生活空間になる

住戸の間の路地を見る。住戸どうしが屋外空間を介してゆるやかに仕切られ、さまざまなアクティビティが中庭にあふれて、生活が賑わう。

22 本屋さんのようなリビングに座る
バーグドルフ映画図書館

藤野高志 / 生物建築舎

所在地：群馬県
延床面積：146.56㎡
構造：鉄骨造
竣工年：2015年
撮影：生物建築舎

東西の両側を道路に接し、建て主の両親が営んでいた書店を「映画図書館」と名づけてリノベーションした住宅。元の書店の空間を活かした大きなリビングが住宅の中心にあり、建て主がひとりでゆったり過ごしたり、映画館として人が集まる場になったり、いろいろな過ごし方を許容する包容力のあるフラットな空間となっている。元書店の本棚はプライベートな領域との境となり、映画を観るときには腰かけにも利用できる。入口側の土間は、靴を履いたまま入ることができる映画図書館への導入空間になっている。

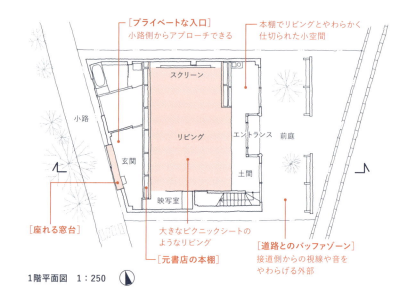

1階平面図　1：250

[プライベートな入口]
小路側からアプローチできる

[本棚でリビングとやわらかく仕切られた小空間]

[座れる窓台]

大きなピクニックシートのようなリビング

[元書店の本棚]

[道路とのバッファゾーン]
接道側からの視線や音をやわらげる外部

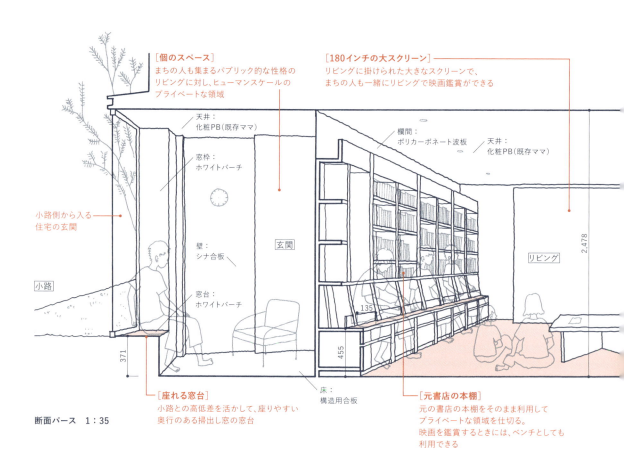

断面パース　1：35

[個のスペース]
まちの人も集まるパブリック的な性格のリビングに対し、ヒューマンスケールのプライベートな領域

[180インチの大スクリーン]
リビングに掛けられた大きなスクリーンで、まちの人も一緒にリビングで映画鑑賞ができる

[座れる窓台]
小路との高低差を活かして、座りやすい奥行のある掃出し窓の窓台

[元書店の本棚]
元の書店の本棚をそのまま利用してプライベートな領域を仕切る。映画を鑑賞するときには、ベンチとしても利用できる

68　Chapter 2　座りたくなる住宅 40事例

元書店をリノベーションしたリビング。広いワンルームの中で自由に好きなところに座って思いのままに過ごしたり、みんなで映画鑑賞したりできる。

床

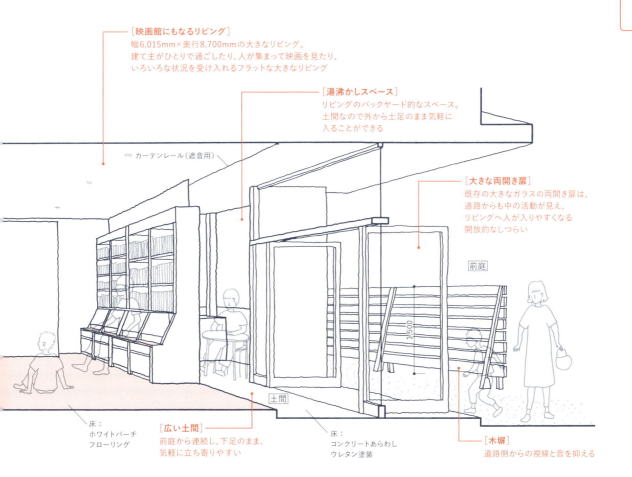

［映画館にもなるリビング］
幅6,015mm×奥行8,700mmの大きなリビング。
建て主がひとりで過ごしたり、人が集まって映画を見たり、
いろいろな状況を受け入れるフラットな大きなリビング

［湯沸かしスペース］
リビングのバックヤード的なスペース。
土間なので外から土足のまま気軽に
入ることができる

カーテンレール（遮音用）

［大きな両開き扉］
既存の大きなガラスの両開き扉は、
道路からも中の活動が見え、
リビングへ人が入りやすくなる
開放的なしつらい

前庭

土間

床：
ホワイトバーチ
フローリング

［広い土間］
前庭から連続し、下足のまま、
気軽に立ち寄りやすい

床：
コンクリートあらわし
ウレタン塗装

［木塀］
道路側からの視線と音を抑える

69

23 モノコックな無柱空間を貫く大階段に座る
S博士の家
SOY source建築設計事務所

所在地：宮城県仙台市
延床面積：106.80㎡
構造：木造
竣工年：2008年
撮影：SOY source建築設計事務所

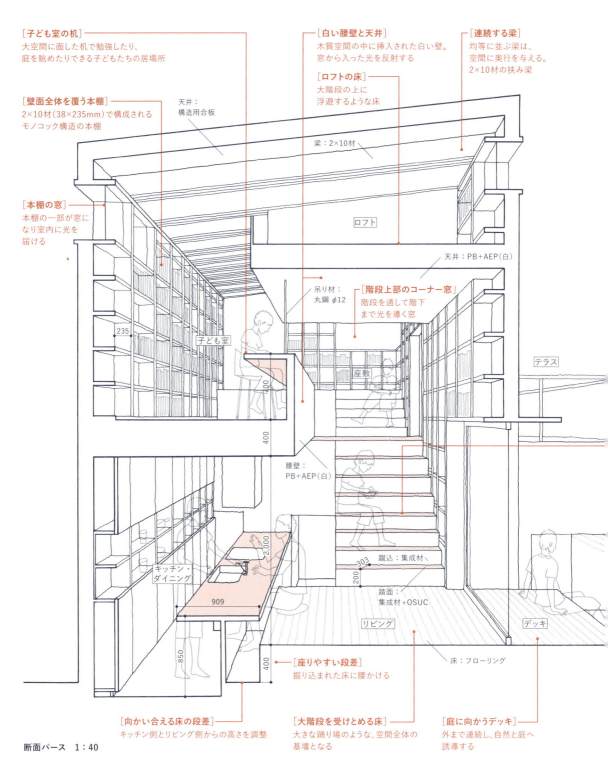

断面パース　1：40

[子ども室の机]
大空間に面した机で勉強したり、庭を眺めたりできる子どもたちの居場所

[白い腰壁と天井]
木質空間の中に挿入された白い壁。窓から入った光を反射する

[連続する梁]
均等に並ぶ梁は、空間に奥行を与える。2×10材の挟み梁

[壁面全体を覆う本棚]
2×10材(38×235mm)で構成されるモノコック構造の本棚

[ロフトの床]
大階段の上に浮遊するような床

[本棚の窓]
本棚の一部が窓になり室内に光を届ける

[階段上部のコーナー窓]
階段を通して階下まで光を導く窓

[向かい合える床の段差]
キッチン側とリビング側からの高さを調整

[大階段を受けとめる床]
大きな踊り場のような、空間全体の基壇となる

[庭に向かうデッキ]
外まで連続し、自然と庭へ誘導する

[座りやすい段差]
掘り込まれた床に腰かける

70　Chapter 2　座りたくなる住宅 40事例

踊り場から大階段のあるリビングを見下ろす。

地方都市の新陳代謝の進む閑静な住宅地に建つ。開く部分と閉じる部分を明確にし、2×10材による鳥かご状のモノコックな無柱空間を貫く大階段と、さまざまなレベルに設けられた床から構成されている。階段は上下移動の動線としての機能だけでなく、座ったり、遊び場になったり、暮らしを彩る空間的な装置である。外壁を構成する2×10材は本棚や収納棚として機能し、大きな箱の中にヒューマンなスケール感覚を呼び戻している。 K

階段・スロープ

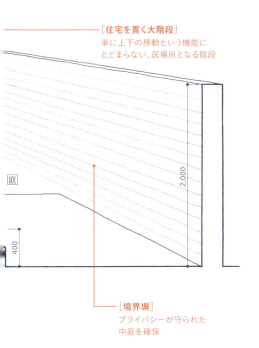

[住宅を貫く大階段]
単に上下の移動という機能にとどまらない、居場所となる階段

[境界塀]
プライバシーが守られた中庭を確保

[壁面全体を覆う本棚]
[階段の最上部に位置する座敷]
リビングまで視界が広がり、ここに座るとこの住宅の長さを感じられる

[吹抜けに沿った長い机]
机に座って大階段を見下ろす

[階段上部のコーナー窓]

2階平面図　1:250

[住宅を貫く大階段]
[キッチンカウンター]
リビングとダイニングをつなぐ

[外階段]
地階の水まわりに直接つながる

1階平面図　1:250

24 持ち上げられた床を囲むスロープに座る

旋の家

武井誠＋鍋島千恵 / TNA

所在地：東京都大田区
延床面積：125.76㎡
構造：鉄骨造
竣工年：2015年
撮影：阿野太一

閑静な住宅街の中で、セットバックによる隣地境界との空地に植えられた緑が敷地を囲む。その環境を見渡せるように、住宅全体をピロティで持ち上げて床を重ね、その床をスロープが囲む構成となっている。スロープは3〜5°でゆるやかに傾斜し、動線でありながら、ひとりで腰かけたり、友達と並んで座ったり、座る位置も人数も限定しない、高さの異なる居場所となる。スロープを歩く人の高さが徐々に変化し、時間や季節によって明るさや見える風景も異なるスロープは、まちと家族を一本のシークエンシャルなラインでつなぐ。　　　　　　　　　　　　Ⓚ

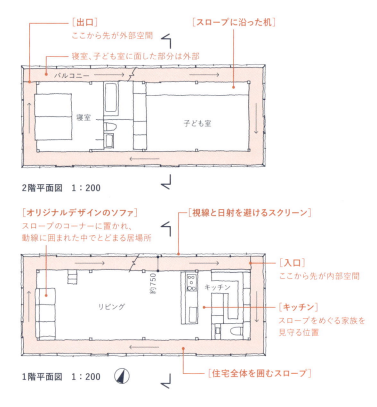

1階のピロティの庭。スロープは住宅を囲み、開放された庭に適度な緊張感と安心感を与えている。

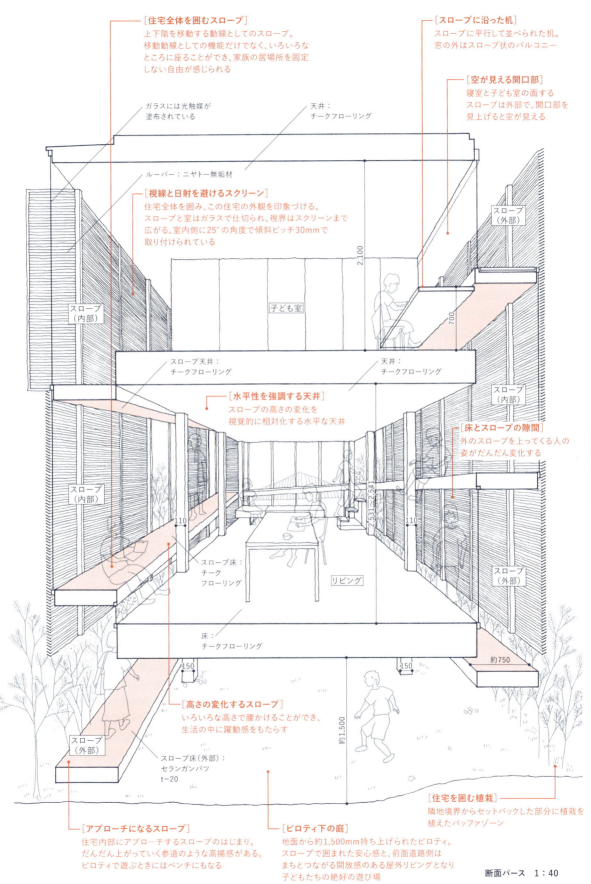

25 まちとつながり、さまざまな行為を受けとめる大階段

だんだんまちや

アトリエ・ワン

所在地：東京都目黒区
延床面積：79.41㎡
構造：木造（一部RC造）
竣工年：2008年
撮影：アトリエ・ワン

切妻屋根の妻面が並ぶ都内の住宅地の中で、この住宅も前面道路に対して大きな妻面を向けることで周辺になじんだ街並みの一部となる。駐車する車の屋根が見えない高さにリビングの床を配し、そこから大きな階段が上階へ導く。大きな階段は住宅の中心的な存在として、家族の生活の場となっている。大きな階段の正面の窓台は、腰かけるのにちょうどよい高さでリビングを囲み、まちを見下ろす居場所にもなっている。

Ⓚ

軒天：
ガルバリウム鋼板平板

[キッチンを見渡せる子ども室]

[階段を明るく照らす窓]
屋上テラスに面した窓から導かれる光は、家族の居場所である大階段を明るく照らす

壁：ラワン合板

天井：障子紙貼り

子ども室

[深い軒下]
周辺の家の屋根と連続して街並みを形成する大きな切妻屋根

輻射式冷暖房

天井：ラワン合板

[窓台から連続した棚]
窓台が延長されてリビングのコーナーを彩る棚になっている

ダイニング

床：
ラワン合板

[座れる窓台]
街路に面した窓台は座りやすい高さに設計されている

2,142

455

227.8

350

床：ラワン合板

リビング

2025

踏面：ラワン合板

405

蹴込：ツーバイ材

1,700

納戸

[車高を避けた窓の高さ]
駐車場に置かれる車が見えないような高さに設定された窓

駐車場

[生活を彩る階段]
小さい段と大きい段で構成され、生活のいろいろなシーンを彩る居場所となる

74　Chapter 2　座りたくなる住宅 40事例

ひとつの大きな空間の中で、いろいろな高さに座ることができる階段は生活を彩る舞台のようでもある。

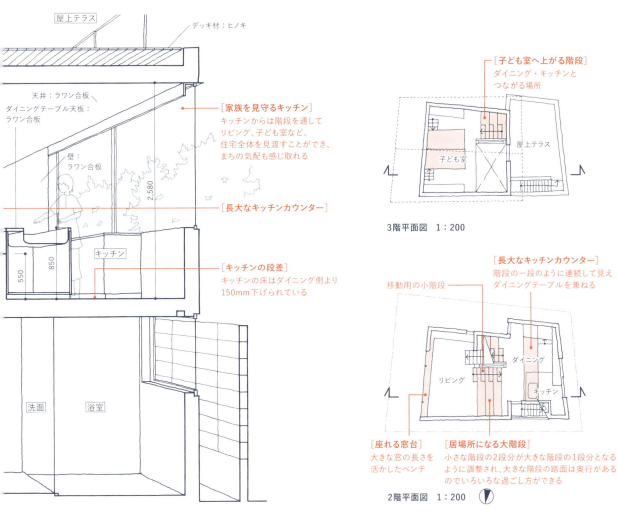

屋上テラス
デッキ材：ヒノキ

天井：ラワン合板
ダイニングテーブル天板：ラワン合板

壁：ラワン合板

2,580

550　850　キッチン

洗面　浴室

[家族を見守るキッチン]
キッチンからは階段を通してリビング、子ども室など、住宅全体を見渡すことができ、まちの気配も感じ取れる

[長大なキッチンカウンター]

[キッチンの段差]
キッチンの床はダイニング側より150mm下げられている

[子ども室へ上がる階段]
ダイニング・キッチンとつながる場所

子ども室　屋上テラス

3階平面図　1：200

[長大なキッチンカウンター]
階段の一段のように連続して見えダイニングテーブルを兼ねる

移動用の小階段

リビング　ダイニング　キッチン

[座れる窓台]
大きな窓の長さを活かしたベンチ

[居場所になる大階段]
小さな階段の2段分が大きな階段の1段分となるように調整され、大きな階段の踏面は奥行があるのでいろいろな過ごし方ができる

2階平面図　1：200

階段・スロープ

断面パース　1：45

75

26 屋内外の体験が混じり合う

house h

大西麻貴＋百田有希 / o+h

所在地：東京都港区
延床面積：213.06㎡
構造：RC造（一部鉄骨造）
竣工年：2018年
撮影：o+h

　三方を細い道に囲まれた敷地に建つ夫婦ふたりの家。まちと地続きにすることで、豊かな経験を得られるように、まちから連続するもう1本の道を家の中へと引き込んでいる。道は家のまわりをらせん状に取り巻きながら、玄関へのアプローチとなり、部屋どうしをつなぐ屋外階段となり、植物のある半屋外のテラスとなりながら、屋上までつながっている。

　屋内外にはデスクやベンチが点在していて、それぞれに魅力的な座る場になっている。それらの場は視覚的に、または体感的につながっており、移動するにつれて現れてくる。また、移動する人を見上げたり見下ろしたりできる場も多数配置されている。

2階書斎からデイベッドコーナーを見る。階段を下りた先は玄関。デイベッドコーナーは日当たりがよく、南北の窓から1階アプローチを見下ろせる。

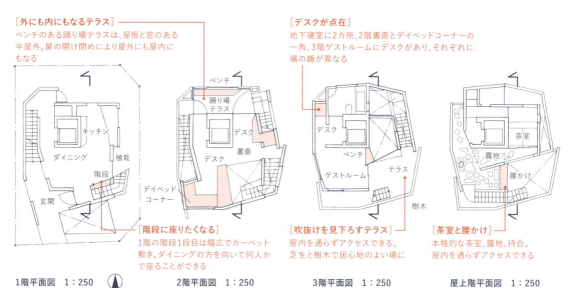

［外にも内にもなるテラス］
ベンチのある踊り場テラスは、屋根と窓のある半屋外。扉の開け閉めにより屋外にも屋内にもなる

［階段に座りたくなる］
1階の階段1段目は幅広でカーペット敷き。ダイニングの方を向いて何人かで座ることができる

［デスクが点在］
地下寝室に2カ所、2階書斎とデイベッドコーナーの一角、3階ゲストルームにデスクがあり、それぞれに場の趣が異なる

［吹抜けを見下ろすテラス］
屋内を通らずアクセスできる。芝生と樹木で居心地のよい場に

［茶室と腰かけ］
本格的な茶室、露地、待合。屋内を通らずアクセスできる

1階平面図　1：250　　2階平面図　1：250　　3階平面図　1：250　　屋上階平面図　1：250

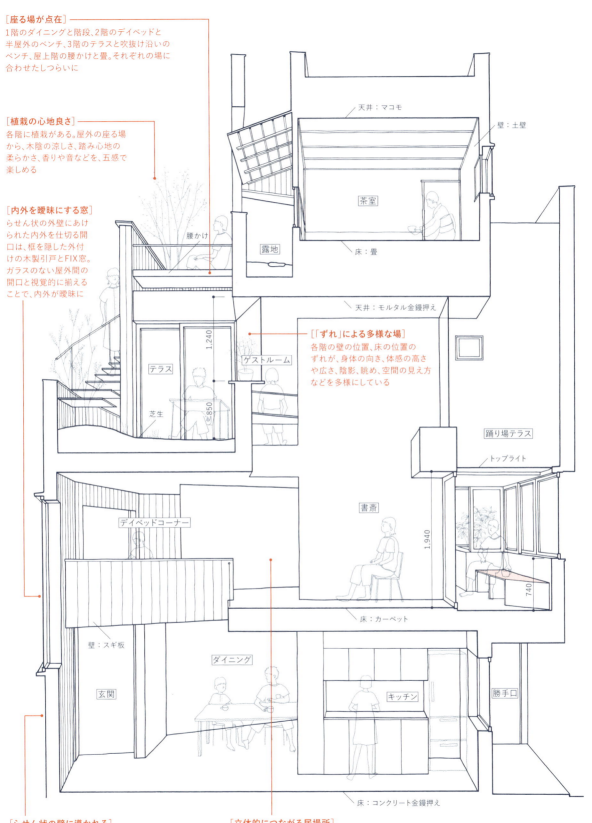

[座る場が点在]
1階のダイニングと階段、2階のデイベッドと半屋外のベンチ、3階のテラスと吹抜け沿いのベンチ、屋上階の腰かけと畳。それぞれの場に合わせたしつらいに

[植栽の心地良さ]
各階に植栽がある。屋外の座る場から、木陰の涼しさ、踏み心地の柔らかさ、香りや音などを、五感で楽しめる

[内外を曖昧にする窓]
らせん状の外壁にあけられた内外を仕切る開口は、框を隠した外付けの木製引戸とFIX窓。ガラスのない屋外間の開口と視覚的に揃えることで、内外が曖昧に

[「ずれ」による多様な場]
各階の壁の位置、床の位置のずれが、身体の向き、体感の高さや広さ、陰影、眺め、空間の見え方などを多様にしている

[らせん状の壁に導かれる]
らせん状の外壁は内外ともに板張り。角度の振れた板張りの壁が、座る場の拠り所となり、次なる居場所へと誘う役割を果たしている

[立体的につながる居場所]
屋内外にさまざまな居場所があり、吹抜けにより視覚的に、道・階段により体感的につながっている

断面パース　1：55

27 大屋根に包まれるアウターリビング
安城の家
谷尻誠＋吉田愛 / SUPPOSE DESIGN OFFICE

所在地：愛知県安城市
延床面積：168.87㎡
構造：木造
竣工年：2015年
撮影：矢野紀行

リビングからアウターリビングを見る。内外の素材感を揃えているので、窓を全開すると一体に感じられる。屋内の水平に延びる梁が視線を屋外へと誘導し、屋外の登り梁が包み込んでいる空間を強調している。

[道路からの視線を遮る]
アウターリビングは道路より800mm高く、間を車庫にしているので、道路と程よい距離を保てる

[アウターキッチン]
外部での食事が日常となり、屋外で過ごすのが当たり前に

[屋根開口がもたらす豊かさ]

[急勾配の屋根に包まれる]

[足元から全開になる窓]
1階も2階も、ガラス引戸を全開すると、内外の一体感を強く感じられる

天井：構造用合板
壁：構造用合板＋OS

[縁に腰かけやすい]
内外の段差は出入りしやすい高さ。全開窓のレールは足元で、腰かけてもお尻が痛くない

床：シンダーコンクリート直押え

1階平面図　1：250

2階平面図　1：250

断面パース　1：40

78　Chapter 2　座りたくなる住宅 40事例

両親の家の隣に建つ、若夫婦の家。庭で運動できる、子どもが自由に外で遊べるなど、外部での生活の楽しさを求められた。住宅街の中で、屋外での豊かな生活を実現するために、敷地全体に大きな屋根を架けて、その半分をアウターリビング・ダイニング・キッチンにしている。

内外のLDKを間仕切る窓は、1階も2階も足元から全開できる。素材感も揃えられ、屋内外の境を感じない。屋外も屋根と壁に囲まれ、厳しい天候から守られ、隣地や道路からの視線も遮られている。屋根と壁には開口があり、程よい抜け感もあり、屋内のLDKと同様に日常的な居場所となっている。 Ⓣ

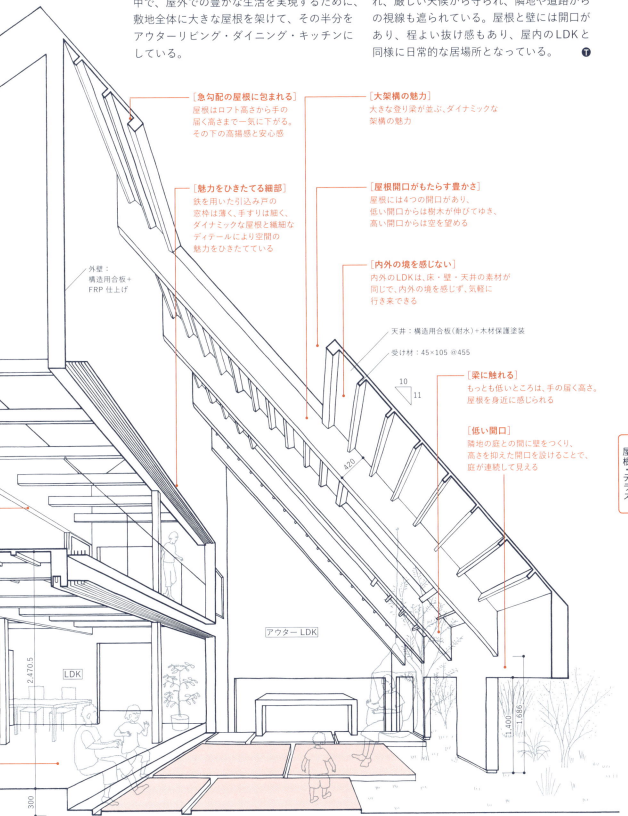

[急勾配の屋根に包まれる]
屋根はロフト高さから手の届く高さまで一気に下がる。その下の高揚感と安心感

[大架構の魅力]
大きな登り梁が並ぶ、ダイナミックな架構の魅力

[魅力をひきたてる細部]
鉄を用いた引込み戸の窓枠は薄く、手すりは細く、ダイナミックな屋根と繊細なディテールにより空間の魅力をひきたてている

[屋根開口がもたらす豊かさ]
屋根には4つの開口があり、低い開口からは樹木が伸びてゆき、高い開口からは空を望める

[内外の境を感じない]
内外のLDKは、床・壁・天井の素材が同じで、内外の境を感じず、気軽に行き来できる

[梁に触れる]
もっとも低いところは、手の届く高さ。屋根を身近に感じられる

[低い開口]
隣地の庭との間に壁をつくり、高さを抑えた開口を設けることで、庭が連続して見える

外壁：構造用合板＋FRP仕上げ

天井：構造用合板(耐水)＋木材保護塗装
受け材：45×105 @455

屋根・テラス

28 丘の上に座る
海辺の丘
川本敦史＋川本まゆみ / エムエースタイル建築計画

所在地：静岡県御前崎市
延床面積：97.44㎡
構造：RC造
竣工年：2016年
撮影：車田保

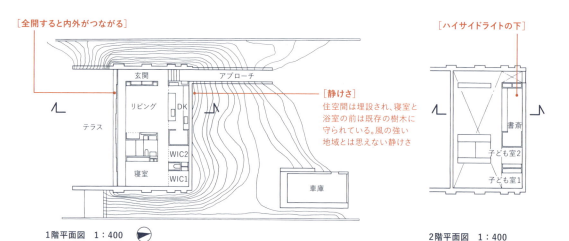

1階平面図　1：400　　　2階平面図　1：400

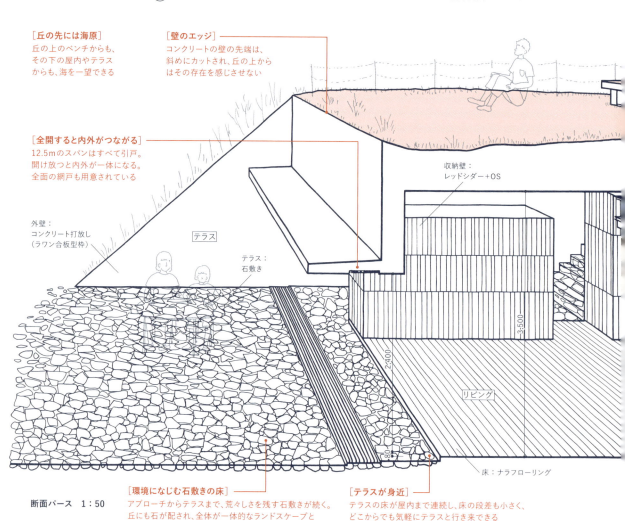

断面パース　1：50

80　Chapter 2　座りたくなる住宅 40事例

北側全景。平屋を埋設した丘にはハイサイドライトのベンチが設えられ、アプローチが穿たれている。

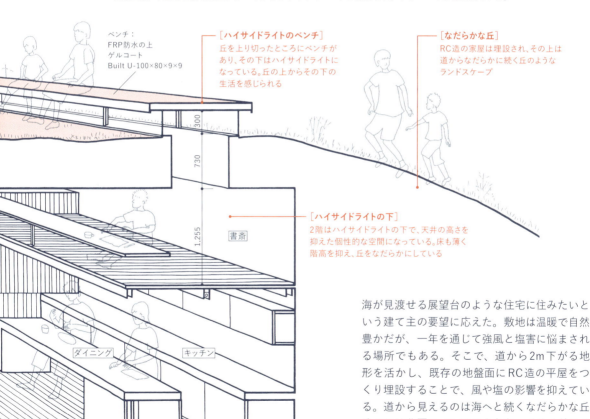

ベンチ：
FRP防水の上
ゲルコート
Built U-100×80×9×9

[ハイサイドライトのベンチ]
丘を上り切ったところにベンチがあり、その下はハイサイドライトになっている。丘の上からその下の生活を感じられる

[なだらかな丘]
RC造の家屋は埋設され、その上は道からなだらかに続く丘のようなランドスケープ

[ハイサイドライトの下]
2階はハイサイドライトの下で、天井の高さを抑えた個性的な空間になっている。床も薄く階高を抑え、丘をなだらかにしている

[静謐な佇まい]
逆梁の無柱空間、高い天井と抑えられた開口、丁寧に割り付けたラワン合板の型枠や板張りの収納壁。醸し出される佇まいに心打たれる

海が見渡せる展望台のような住宅に住みたいという建て主の要望に応えた。敷地は温暖で自然豊かだが、一年を通じて強風と塩害に悩まされる場所でもある。そこで、道から2m下がる地形を活かし、既存の地盤面にRC造の平屋をつくり埋設することで、風や塩の影響を抑えている。道から見えるのは海へと続くなだらかな丘。そこには公園のベンチのようなハイサイドライトと、ランドスケープの中へと誘うアプローチが添えられている。その下の住空間には波音だけを感じる静けさがもたらされ、パブリックな丘の上とプライベートな丘の下、ふたつの日常をもつ住宅となっている。Ⓣ

屋根・テラス

29 地下室上の庭
狛江の住宅
長谷川豪建築設計事務所

所在地：東京都狛江市
延床面積：86.70㎡
構造：RC造＋木造
竣工年：2009年
撮影：新建築社

道路から庭と1階を見る。庭の下にある地下室は道路を歩く人の目線より低く、その存在を意識されない。

都内の住宅地に建つ、夫婦と子ども1人のための家。敷地は100㎡ほどの角地で建ぺい率は50％、道路や隣地と敷地の間に高低差はない。密集した街並みに明るさをもたらす存在になるように、個室と水まわりを建ぺい率に入らない地下室につくり、その上を庭として利用、地上は平屋としている。1階は天井が3.7m以上あり、庭よりも1段低く、空を広く感じられる。地下室上の庭は道路や隣地から1mほど高く、中ほどに地下室から上がってくる塔屋がある。道路際にはベンチがあり、まちを身近に感じられる。奥にはミニキッチンがあり、テーブルと椅子を置いて、プライベートにくつろいで過ごすことができる。 Ⓣ

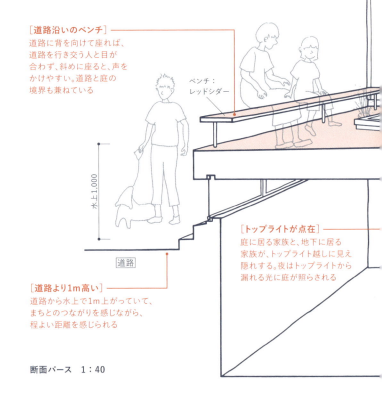

[道路沿いのベンチ]
道路に背を向けて座れば、道路を行き交う人と目が合わず、斜めに座ると、声をかけやすい。道路と庭の境界も兼ねている

ベンチ：レッドシダー

水上1,000

道路

[道路より1m高い]
道路から水上で1m上がっていて、まちとのつながりを感じながら、程よい距離を感じられる

[トップライトが点在]
庭に居る家族と、地下に居る家族が、トップライト越しに見え隠れする。夜はトップライトから漏れる光に庭が照らされる

断面パース　1：40

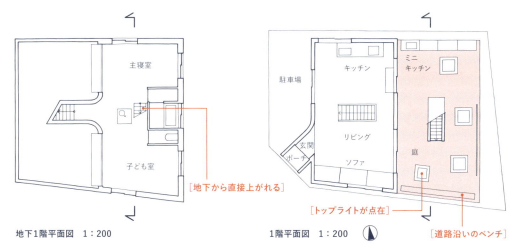

地下1階平面図　1:200　　　　　　　　1階平面図　1:200

[地下から直接上がれる]
[トップライトが点在]
[道路沿いのベンチ]

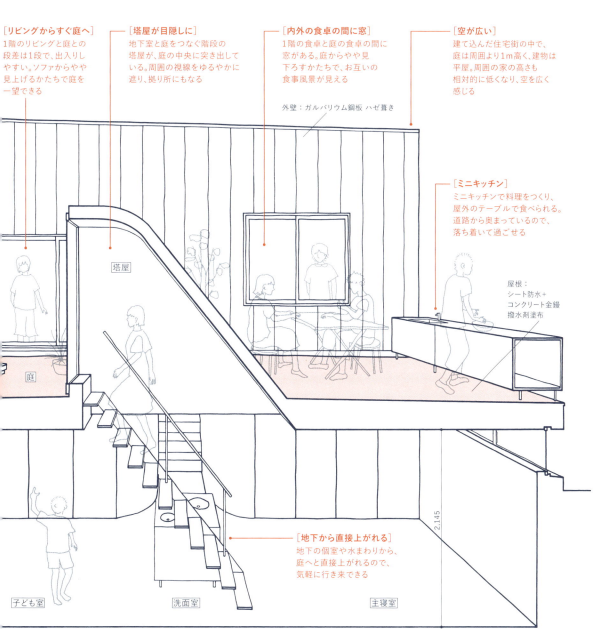

[リビングからすぐ庭へ]
1階のリビングと庭との段差は1段で、出入りしやすい。ソファからやや見上げるかたちで庭を一望できる

[塔屋が目隠しに]
地下室と庭をつなぐ階段の塔屋が、庭の中央に突き出している。周囲の視線をゆるやかに遮り、拠り所にもなる

[内外の食卓の間に窓]
1階の食卓と庭の食卓の間に窓がある。庭からやや見下ろすかたちで、お互いの食事風景が見える

[空が広い]
建て込んだ住宅街の中で、庭は周囲より1m高く、建物は平屋。周囲の家の高さも相対的に低くなり、空を広く感じる

外壁：ガルバリウム鋼板 ハゼ葺き

[ミニキッチン]
ミニキッチンで料理をつくり、屋外のテーブルで食べられる。道路から奥まっているので、落ち着いて過ごせる

屋根：
シート防水＋
コンクリート金鏝
撥水剤塗布

[地下から直接上がれる]
地下の個室や水まわりから、庭へ直接上がれるので、気軽に行き来できる

屋根・テラス

83

30 屋根の上に座る
屋根の家

手塚貴晴＋手塚由比 / 手塚建築研究所

所在地：神奈川県秦野市
延床面積：96.89㎡
構造：木造
竣工年：2001年
撮影：木田勝久 / FOTOTECA

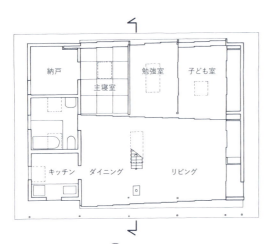

1階平面図　1：200

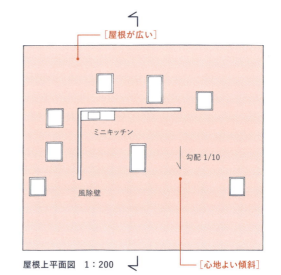

屋根上平面図　1：200

[屋根が広い]

[心地よい傾斜]

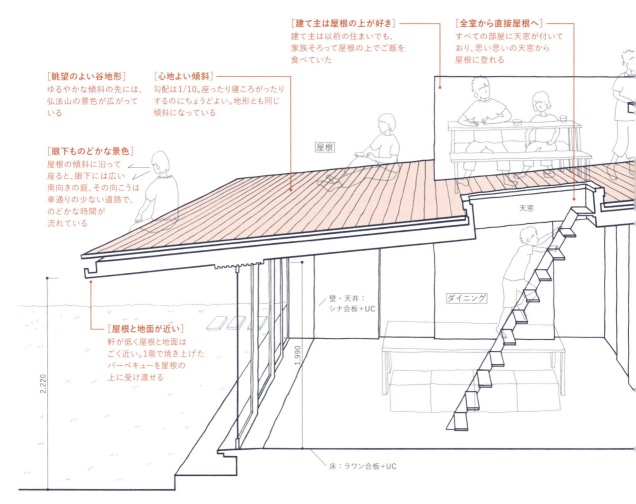

[眺望のよい谷地形]
ゆるやかな傾斜の先には、弘法山の景色が広がっている

[眼下ものどかな景色]
屋根の傾斜に沿って座ると、眼下には広い南向きの庭、その向こうは車通りの少ない道路で、のどかな時間が流れている

[心地よい傾斜]
勾配は1/10。座ったり寝ころがったりするのにちょうどよい。地形とも同じ傾斜になっている

[建て主は屋根の上が好き]
建て主は以前の住まいでも、家族そろって屋根の上でご飯を食べていた

[全室から直接屋根へ]
すべての部屋に天窓が付いており、思い思いの天窓から屋根に登れる

[屋根と地面が近い]
軒が低く屋根と地面はごく近い。1階で焼き上げたバーベキューを屋根の上に受け渡せる

84　Chapter 2　座りたくなる住宅 40事例

毎日のように客が訪れ、屋根の上でみな思い思いにくつろいでいる。

[屋根にキッチンとL字の壁]
屋根の上で食事をつくれる。L字形の壁により、風が遮られプライバシーも守られている

[屋根が広い]
全面にデッキが張られており、どこにでも座れる

[屋根が薄く身近]
105mm角の木製格子梁により、ごく薄い屋根を実現。屋根が身近な場所になっている

風除壁：硬質木毛セメント板＋撥水剤塗布
デッキ：
ガルバリウム鋼板 t=0.4 瓦棒葺き＋
ウリン

屋根構造：
構造用合板 t=12+12
桁 ベイマツ 105角 @910＋構造用合板 t=12+12

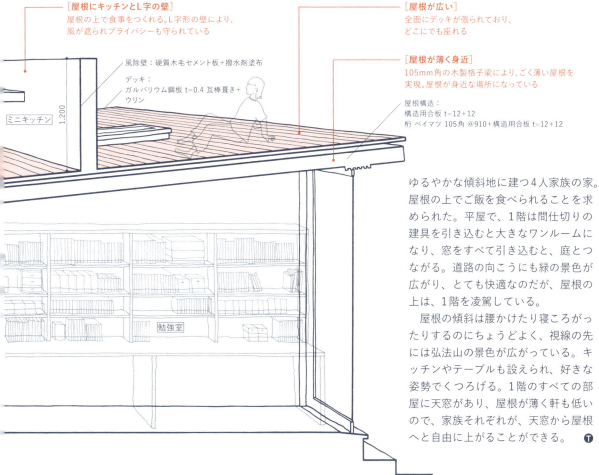

屋根・テラス

ゆるやかな傾斜地に建つ4人家族の家。屋根の上でご飯を食べられることを求められた。平屋で、1階は間仕切りの建具を引き込むと大きなワンルームになり、窓をすべて引き込むと、庭とつながる。道路の向こうにも緑の景色が広がり、とても快適なのだが、屋根の上は、1階を凌駕している。

屋根の傾斜は腰かけたり寝ころがったりするのにちょうどよく、視線の先には弘法山の景色が広がっている。キッチンやテーブルも設えられ、好きな姿勢でくつろげる。1階のすべての部屋に天窓があり、屋根が薄く軒も低いので、家族それぞれが、天窓から屋根へと自由に上がることができる。Ⓣ

断面パース　1：40

31 らせん状のデッキに座る

荻窪の住宅

納谷学＋納谷新／納谷建築設計事務所

所在地：東京都杉並区
延床面積：125.55㎡
構造：木造
竣工年：2016年
撮影：吉田誠

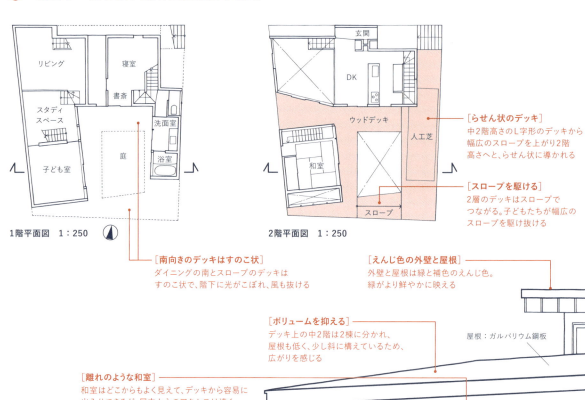

1階平面図　1：250

2階平面図　1：250

［南向きのデッキはすのこ状］
ダイニングの南とスロープのデッキは
すのこ状で、階下に光がこぼれ、風も抜ける

［らせん状のデッキ］
中2階高さのL字形のデッキから
幅広のスロープを上がり2階
高さへと、らせん状に導かれる

［スロープを駆ける］
2層のデッキはスロープで
つながる。子どもたちが幅広の
スロープを駆け抜ける

［えんじ色の外壁と屋根］
外壁と屋根は緑と補色のえんじ色。
緑がより鮮やかに映える

［ボリュームを抑える］
デッキ上の中2階は2棟に分かれ、
屋根も低く、少し斜に構えているため、
広がりを感じる

屋根：ガルバリウム鋼板

［離れのような和室］
和室はどこからもよく見えて、デッキから容易に
出入りできるが、屋内からのアクセスは遠く、
離れのような趣き

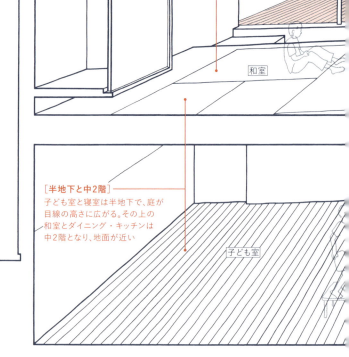

［半地下と中2階］
子ども室と寝室は半地下で、庭が
目線の高さに広がる。その上の
和室とダイニング・キッチンは
中2階となり、地面が近い

旗竿状で、街区の中央にあるドーナツの穴のような立地。北西隣地には実家もあり、周囲の環境を壊さないように、街区の中庭になるような住宅を計画している。1階は一部が半地下で、各部屋がレベルを大きく変えながらつながっている。地面との距離感や天井の高さも多様で、身体感覚が刺激される。屋外は庭を囲み、中2階の高さにL形のデッキが設えられている。デッキのスロープを上がると、平屋の屋根上に導かれる。らせん状につながる屋外空間の上には空が広がり、街区のポケットパークの様相を示している。　Ⓣ

86　Chapter 2　座りたくなる住宅 40事例

南東全景。一部を半地下にすることでボリュームを抑えている。平屋の屋根上までらせん状に続くウッドデッキにより、密集した住宅街の中で広々とした外部空間を獲得している。

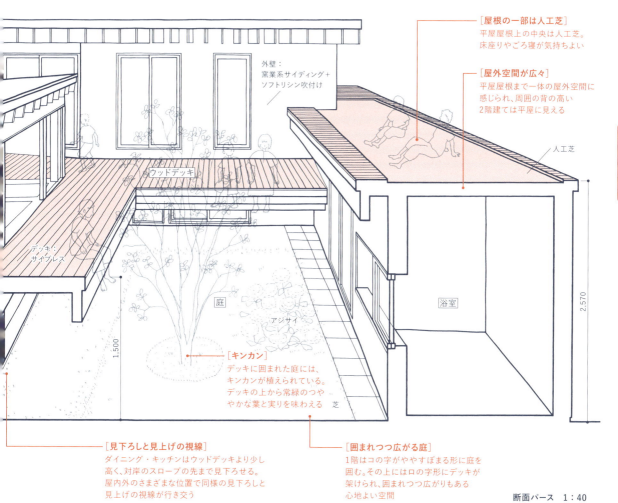

[屋根の一部は人工芝]
平屋屋根上の中央は人工芝。床座りやごろ寝が気持ちよい

[屋外空間が広々]
平屋屋根まで一体の屋外空間に感じられ、周囲の背の高い2階建ては平屋に見える

[キンカン]
デッキに囲まれた庭には、キンカンが植えられている。デッキの上から常緑のつややかな葉と実を味わえる

[見下ろしと見上げの視線]
ダイニング・キッチンはウッドデッキより少し高く、対岸のスロープの先まで見下ろせる。屋内外のさまざまな位置で同様の見下ろしと見上げの視線が行き交う

[囲まれつつ広がる庭]
1階はコの字がややすぼまる形に庭を囲む。その上にはロの字形にデッキが架けられ、囲まれつつ広がりもある心地よい空間

屋根・テラス

断面パース　1:40

32 多様なテラスに座る
円側の家
畑友洋建築設計事務所

所在地：兵庫県
延床面積：159.83㎡
竣工年：2018年
構造：木造・一部壁式RC造
撮影：矢野紀行

　四周を建物に囲まれた谷間のような場所に、内外の間につながりのある豊かな住まいを求められた。小さな区画において豊かな庭をつくることを最大の目標として、庭のための建築が生み出された。

　庭は六甲山系の原風景を再生することを主題にしており、季節や時刻により移り変わり、成長してゆく。家は庭を囲む形で、内外の境には奥行の深い縁側のような場所が円環状に連なり、立体的にも連続している。中庭に面する壁の凹凸や屋根の高低は、心地よい溜まりをつくるとともに、景色に奥行を生み、少し移動するだけで変化する楽しさももたらしている。 ❶

[中庭を囲む]
目に入るのは庭と、庭を囲む自宅と、そこで過ごす人のみ。市街地にいることを忘れてしまう

[テラスもスキップフロア]
屋内外ともスキップフロアで、さまざまな高さから植物を楽しめる

2階平面図　1：250

[さまざまな居場所から出入り]
さまざまなところから出入りできて、庭、テラス、屋内へと、気ままに移動できる

[原風景を再生する庭]
荻野寿也氏による作庭。六甲山系の植物や御影の景石が注意深く選定されている

1階平面図　1：250

[テラスを囲む高窓]
もっとも高い位置にあるテラス4の外周は高窓で囲まれ、落ち着きと空への広がりを感じられる

[細部が庭をひきたてる]
屋根には軒樋がなく、テラス沿いの軒樋は壁と同じ仕上げ。手すりは細くシンプルで、付け根が軒樋に隠されている

[吹き抜ける風]
庭と半層低い駐車場との間に開口を設けて、足元から風を取り込んでいる。庭やテラスにも窓があり、空へと風が吹き抜ける

[屋外に意識が向く内装]
内装はラワン合板で、柱・梁・敷居が陰影をつくる。光の反射は抑えられ、屋外に意識が向く

[内外が連なる]
中庭沿いは窓が並び、大きなFIXガラスの先に中庭、その先には屋内と、重なり合って見える

テラス3から中庭を見る。中庭周囲の外装は白と木で統一されており、植物がひきたつ。

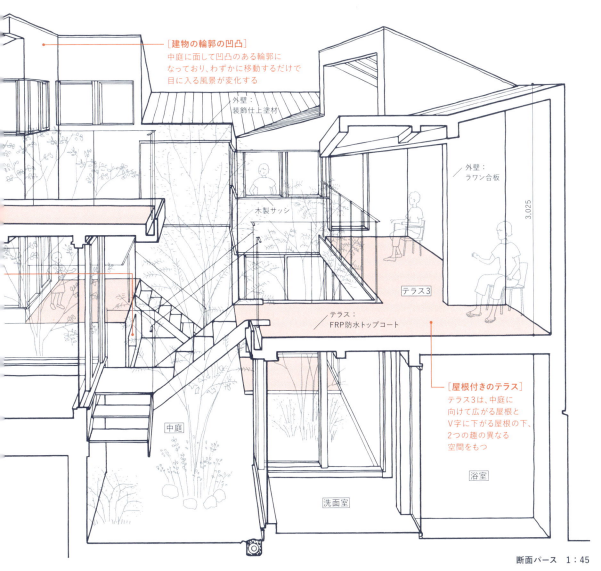

[建物の輪郭の凹凸]
中庭に面して凹凸のある輪郭になっており、わずかに移動するだけで目に入る風景が変化する

外壁：
装飾仕上塗材

外壁：
ラワン合板

3,025

屋根・テラス

木製サッシ

テラス3

テラス：
FRP防水トップコート

[屋根付きのテラス]
テラス3は、中庭に向けて広がる屋根とV字に下がる屋根の下、2つの趣の異なる空間をもつ

中庭

洗面室

浴室

断面パース　1:45

33 壁のくぼみに座る
HOUSE SH
中村拓志＆NAP建築設計事務所

所在地：東京都港区
延床面積：86.97㎡
構造：RC造
竣工年：2005年
撮影：阿野太一

リビングから壁のくぼみを見る。
くぼみに光を溜めて拡散している。

敷地は建物が密集している街中。道路は北向きで、向かいにマンションが迫っている。日光を取り込むために、3階から地下1階までの吹抜けを設けて、その上をトップライトにしている。リビングの壁には青空駐車場の上を建蔽率ギリギリまで外に押し広げてつくったくぼみがあり、座ったり寝そべったりできる。身体と壁の関係が親密な家。

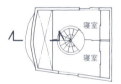
3階平面図　1：250

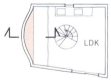
2階平面図　1：250

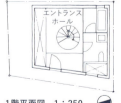
1階平面図　1：250

地階平面図　1：250

[くぼみ上下の抜け感]
くぼみに座ると、足元のガラスの下に1階、吹抜け越しに3階、その上の空まで見通せる

[シームレスが生む浮遊感]
トップライト端部の凹凸が抑えられ、光がなめらかに広がり、浮遊感を感じる

[くぼみだけが曲面]
外形は四角く直線的で、壁のくぼみはサイドも囲われる形。曲面のくぼみが強調される

[くぼみは光溜まり]
くぼみに光が溜まり、惹きつけられる。奥まで光を拡散させる役割も担っている

壁：
ウレタン弾性塗装

[身体に寄りそう]
人のお尻に合わせてやわらかくくぼんでいる。座ったり寝そべったりするのに心地よい形。壁と身体的なコミュニケーションをとるユーモラスさ

トップライト
5,435
リビング・ダイニング・キッチン

断面パース　1：35

34 小さな洞窟にこもる
葦垣の家
中村拓志＆NAP建築設計事務所

所在地：東京都
延床面積：600.72㎡
構造：RC造（一部鉄骨造＋木造）
竣工年：2017年
撮影：Nacása&Partners

手前からリビングダイニングを見る。左の洞窟から右の庭の先に築山を望む。

敷地は西から東に下る傾斜地。西の高台にLDKを配置し、車庫上の築山の向こうへと、視線が抜ける。各室は築山を囲むように、敷地の高低差を吸収しながら渦巻状に配置されている。LDKの壁には膨らみがあり、中は洞窟になっている。やわらかな曲面に囲まれた小さな空間で、リビングより2段上がっており、広々とした家の中に、親密な空気感を醸し出している。 ⓣ

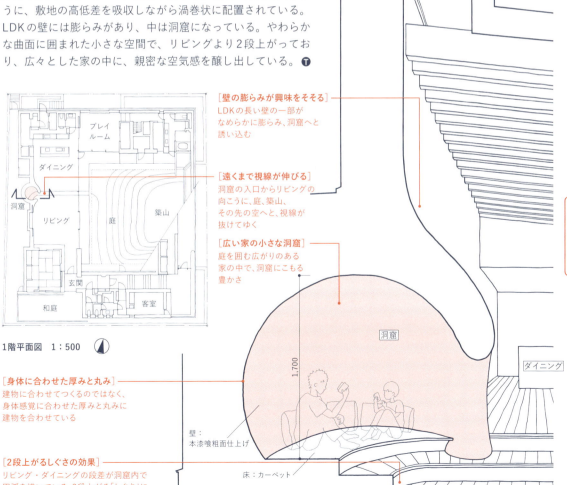

［膨らみがやわらかく光る］
膨らみの表面は粗面の漆喰。トップライトに照らされ、やわらかく光を放つ

［壁の膨らみが興味をそそる］
LDKの長い壁の一部がなめらかに膨らみ、洞窟へと誘い込む

［遠くまで視線が伸びる］
洞窟の入口からリビングの向こうに、庭、築山、その先の空へと、視線が抜けてゆく

［広い家の小さな洞窟］
庭を囲む広がりのある家の中で、洞窟にこもる豊かさ

［身体に合わせた厚みと丸み］
建物に合わせてつくるのではなく、身体感覚に合わせた厚みと丸みに建物を合わせている

［2段上がるしぐさの効果］
リビング・ダイニングの段差が洞窟内で円弧を描いている。2段上がる「しぐさ」により、洞窟をより親密なものに感じる

1階平面図　1:500

断面パース　1:35

91

35 庭に向かってフレーミングされた風景を眺める

間の門
あわい

五十嵐淳建築設計事務所

所在地：北海道常呂郡
延床面積：202.26㎡
構造：木造
竣工年：2008年
撮影：五十嵐淳建築設計事務所

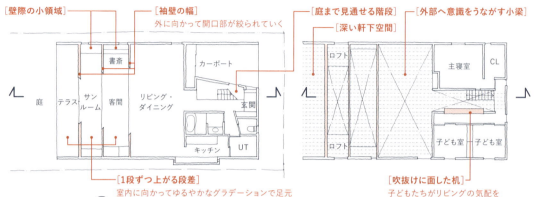

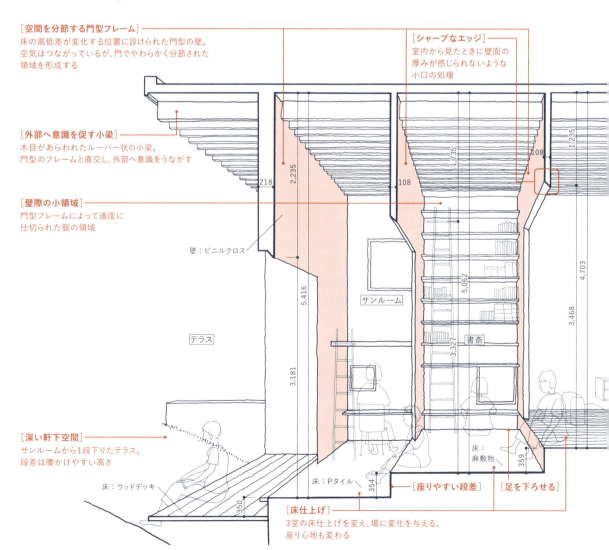

リビングから門型のフレームを通して庭側を見る。カーテンの重なりでやわらかく拡散された光に室内が包まれている。

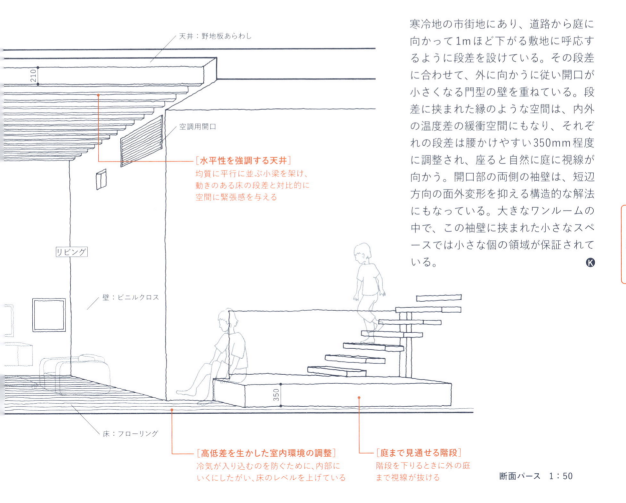

寒冷地の市街地にあり、道路から庭に向かって1mほど下がる敷地に呼応するように段差を設けている。その段差に合わせて、外に向かうに従い開口が小さくなる門型の壁を重ねている。段差に挟まれた縁のような空間は、内外の温度差の緩衝空間にもなり、それぞれの段差は腰かけやすい350mm程度に調整され、座ると自然に庭に視線が向かう。開口部の両側の袖壁は、短辺方向の面外変形を抑える構造的な解法にもなっている。大きなワンルームの中で、この袖壁に挟まれた小さなスペースでは小さな個の領域が保証されている。 Ⓚ

壁

36 放射状の壁を拠り所にする

T house
藤本壮介建築設計事務所

所在地：群馬県前橋市
延床面積：90.82㎡
構造：木造
竣工年：2005年
撮影：阿野太一

住宅街の角地に建つ平屋。4人家族が住む場所でもあり、コレクションする現代アートを展示する場所でもある。道に面する開口は抑えられている。敷地に合わせて変形した形の外壁と、放射状の間仕切り壁が特徴的で、建具を開放するとワンルームになる。間仕切り壁はごく薄く、表裏の素材が異なるため、領域の切り替わりを強く意識させられる。その壁が拠り所となり、座る場が生まれている。一歩の違いで、今まで見えていた絵は隠れて、突然10m先に別のアートが見えてくる、というように、家の中の見え方が変化する。座る場によりさまざまな距離感を感じられる家である。 Ⓣ

1階平面図　1：200

［個室にもなる］
個室の戸は、弧を描くように側面の壁にスライドする。放射状プランを損なわない間仕切り

［不規則な放射状プラン］
不規則な平面に放射状の壁がランダムに並ぶ。奥まった場所か、開かれた場所か、選んで座れる

［余計な線を消す］
ドアは枠がなく、角柱と合板の切り放し。ドアは壁と同化し、壁の存在感を損なわない

［床と天井がシンプル］
床と天井はシンプルで、照明は主に壁付け。壁が強調される

［好きなものの傍らに座る］
全体を見渡せない間取りで素朴な仕上げなので、多様なものが置かれても空間になじむ。好きなものの傍らに座る楽しさ

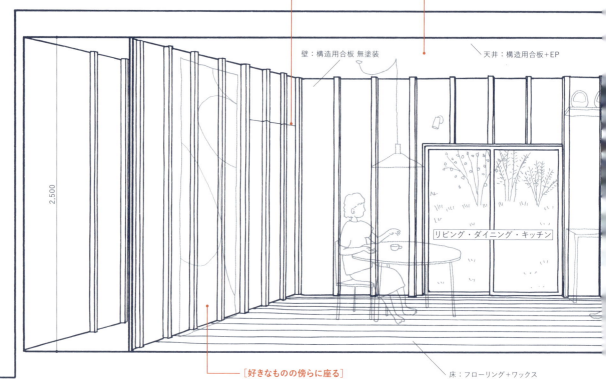

和室からLDKを見る。左はピアノ室、右は子ども室と脱衣室入口。

[壁の薄さに惹きつけられる]
45mm角の柱と厚さ12mmの構造用合板による構造。その薄さにより、壁の表裏がより意識され、壁に惹きつけられる

[壁の表裏で印象が変わる]
合板の壁の片側は壁、柱ともにあらわし、もう片側は白く塗装。壁のどちら側に居るかで印象が変わる

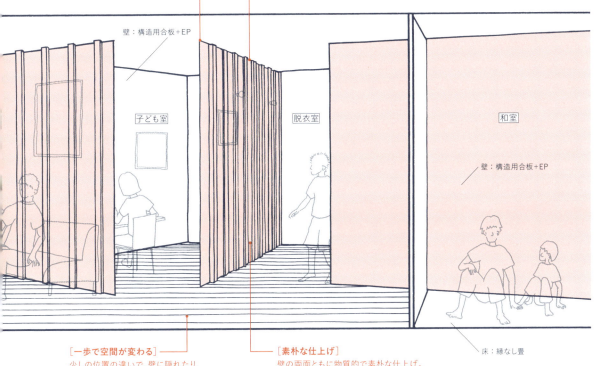

壁：構造用合板＋EP

子ども室　脱衣室　和室

壁：構造用合板＋EP

床：縁なし畳

壁

[一歩で空間が変わる]
少しの位置の違いで、壁に隠れたり、奥まで見通せたり、空間の見え方が変わる面白さ

[素朴な仕上げ]
壁の両面ともに物質的で素朴な仕上げ。身近な拠り所に感じられる。コンセントも露出配線

断面パース　1：30

95

37 樹木状のユニットを拠り所にする
我孫子の住宅 Kokage

末光弘和＋末光陽子 / SUEP.

所在地：千葉県我孫子市
延床面積：127.50㎡
構造：木造
竣工年：2008年
撮影：鳥村鋼一

［不規則性がさまざまな場を生む］
TREEUNITはすべて大きさが異なり、不規則に並んでいるため、さまざまな場を生み出している

［テラスに木陰］
屋外にもTREEUNITがあり、日陰をつくり、座る際の拠り所になっている

1階平面図　1：250

2階平面図　1：250

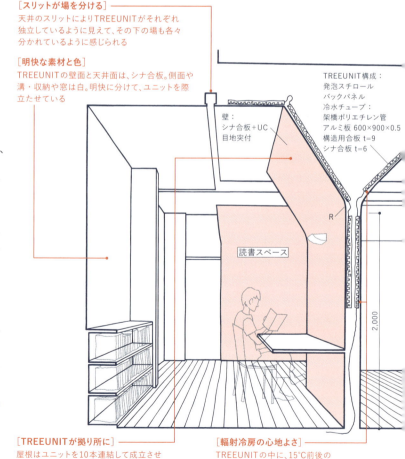

［スリットが場を分ける］
天井のスリットによりTREEUNITがそれぞれ独立しているように見えて、その下の場も各々分かれているように感じられる

［明快な素材と色］
TREEUNITの壁面と天井面は、シナ合板。側面や溝・収納や窓は白。明快に分けて、ユニットを際立たせている

TREEUNIT構成：
発泡スチロールバックパネル
冷水チューブ：架橋ポリエチレン管
アルミ板 600×900×0.5
構造用合板 t=9
シナ合板 t=6

壁：
シナ合板＋UC
目地突付

［TREEUNITが拠り所に］
屋根はユニットを10本連結して成立させている。構造・温熱環境・意匠、すべてがユニットに集約されており、拠り所となる力強さがある

［輻射冷房の心地よさ］
TREEUNITの中に、15℃前後の井戸水を循環させて、木陰のような涼感をつくり出している

自然環境としての「木陰」の快適さを、住環境に翻訳することを試みている。設計者がTREEUNITと名づけた、樹木状の構造ユニットが特徴的。ユニットの壁と天井を覆うように井戸水を利用した輻射冷房が備えられ、壁際に居ると木陰のような涼感を得ることができる。構造ユニットは、連結することで全体の架構が成立する仕組みで、ランダムに配置された様は、樹林を連想させる。1階は10本のTREEUNITにより構成され、それを拠り所として、デスク、ピアノ、食卓、ソファなど、さまざまな座る場が生まれている。2階は個室で、ペントハウスのような形で載っている。

左にダイニング、中央奥にリビング、右手前に読書スペースを見る。

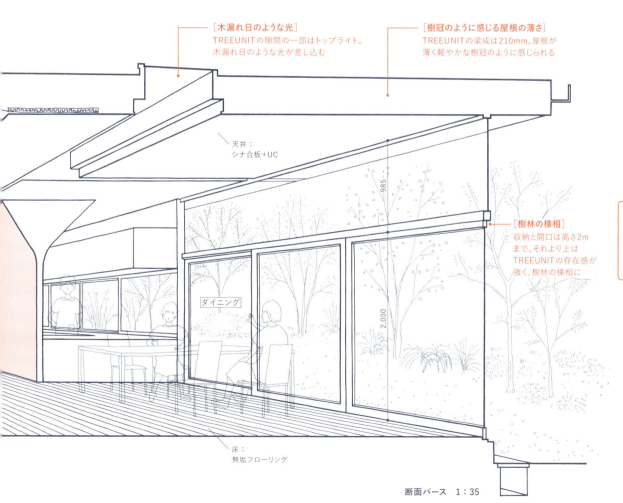

［木漏れ日のような光］
TREEUNITの隙間の一部はトップライト。
木漏れ日のような光が差し込む

［樹冠のように感じる屋根の薄さ］
TREEUNITの梁成は210mm。屋根が
薄く軽やかな樹冠のように感じられる

天井：
シナ合板+UC

［樹林の様相］
収納と開口は高さ2m
まで。それより上は
TREEUNITの存在感が
強く、樹林の様相に

壁

ダイニング

床：
無垢フローリング

断面パース　1：35

97

38 野の部屋

園

藤野高志 / 生物建築舎

所在地：北関東
延床面積：151.97㎡
竣工年：2015年
構造：木造
撮影：生物建築舎

平面図 1：300

都内から移住する家族のための家。周囲の家の多くは垣根で囲まれ、納屋や農具や木立が並び、住居と敷地の外との距離を保っている。その風景に倣い、この家では自然を享受し、また地域社会とつき合いながら生活を営むために、敷地を住居と塀でおおらかに囲んでいる。設計者はその囲まれた屋外空間を「野の部屋」と名づけている。地面は自然の微地形を残しており、座ったり寝ころんだりしたくなる。野の部屋の縁には縁側や土間が設えられ、座る場になっている。Ⓣ

[「野」の魅力]
身近でも人の制御の外にある小さな自然「野」の魅力

[おおらかに囲われる]
生活領域を、L字形の平屋住居と塀で囲っている

[不揃いの魅力]
塀の袖壁のピッチを揃えながら、奥行や開口を不揃いにしている

[部屋に感じさせるしつらい]
塀の笠木と同様に、屋根は薄く軒樋もない。外壁と塀のしつらいが同じなので、野外でもひとつの部屋のように感じる

[温かくすっきりした仕上げ]
「野の部屋」の壁は足元までの板張り。すっきりとしていて温かみもあり、落ち着く

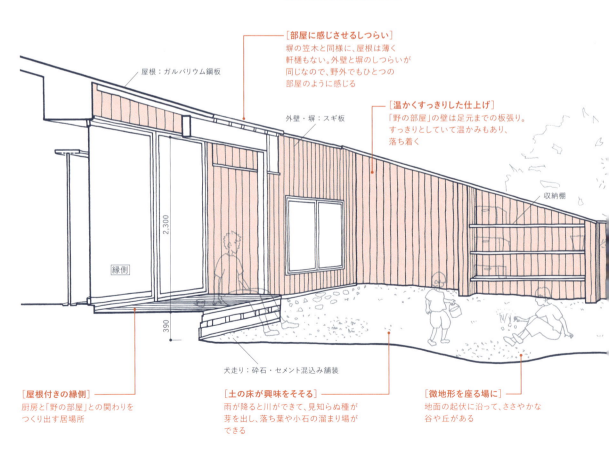

[屋根付きの縁側]
厨房と「野の部屋」との関わりをつくり出す居場所

[土の床が興味をそそる]
雨が降ると川ができて、見知らぬ種が芽を出し、落ち葉や小石の溜まり場ができる

[微地形を座る場に]
地面の起伏に沿って、ささやかな谷や丘がある

18,655×20,020mmの四角形の約6割を自然のままに残した「野の部屋」としている。すべての生活空間が「野の部屋」を囲んでいる。

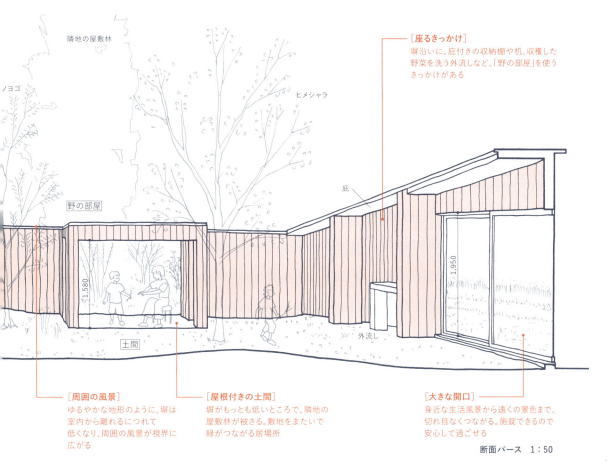

[座るきっかけ]
塀沿いに、庇付きの収納棚や机、収穫した野菜を洗う外流しなど、「野の部屋」を使うきっかけがある

[周囲の風景]
ゆるやかな地形のように、塀は室内から離れるにつれて低くなり、周囲の風景が視界に広がる

[屋根付きの土間]
塀がもっとも低いところで、隣地の屋敷林が被さる。敷地をまたいで緑がつながる居場所

[大きな開口]
身近な生活風景から遠くの景色まで、切れ目なくつながる。施錠できるので安心して過ごせる

断面パース　1:50

39 擁壁を切り下げて座る
擁壁のまちをつなぐ家

栗原健太郎+岩月美穂 / studio velocity

所在地：三重県四日市市
延床面積：108.31㎡
竣工年：2014年
構造：木造（ブリッジ部鉄骨造）
撮影：kentaro kurihara / studio velocity

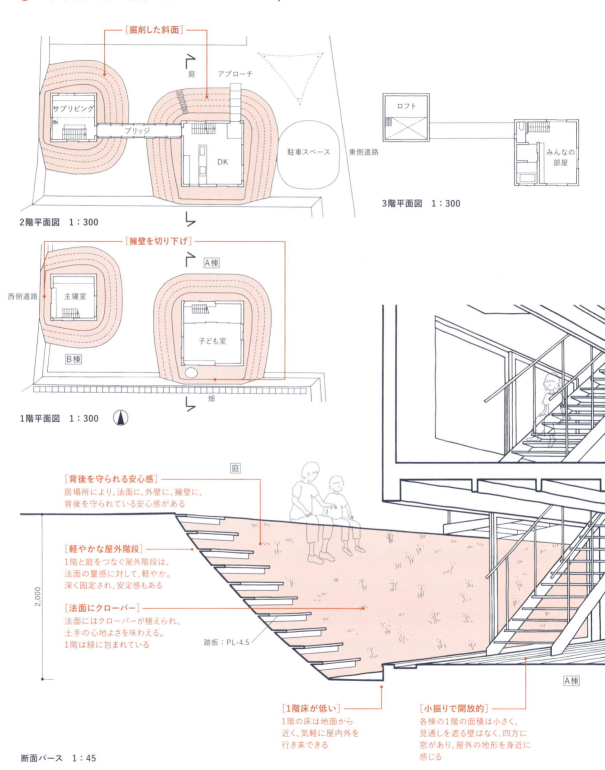

左がB棟、右がA棟。擁壁の補強をするかわりに、擁壁を切り下げている。

ゆるやかな坂に沿う昔からのまちと、その上の丘陵を造成した新興住宅地。ふたつのまちの間には崖があり、レベル差が生活動線を分け、コミュニティも断絶している。敷地はそうしたレベル差の境界に位置し、北東二辺は上の新興住宅地と地続きで、南西二辺は擁壁になっている。その二辺の擁壁を切り下げた掘削底それぞれに、5,005角のA棟と3,640角のB棟を建てている。2棟は2階のブリッジでつながり、庭へは2階の玄関とブリッジから下りられる。庭から掘削した斜面を降り、1階を通り抜けて、昔からのまちへと通り抜けることもできる。擁壁を切り下げたことにより生まれたさまざまな場は、まちとつながる、魅力的な座る場所になっている。⓪

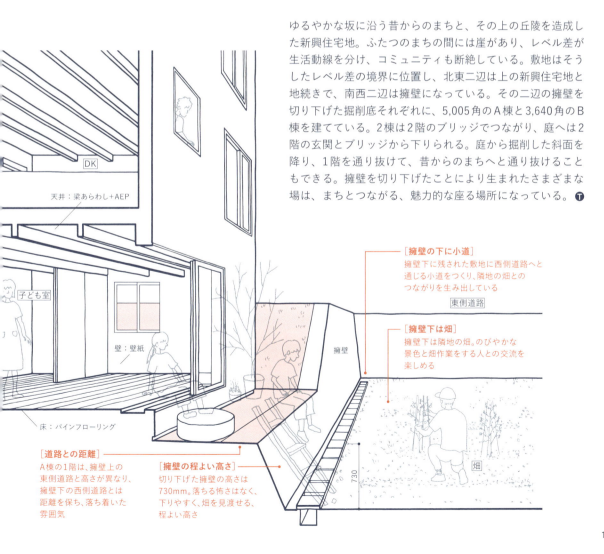

天井：梁あらわし+AEP
子ども室
壁：壁紙
床：パインフローリング
擁壁
東側道路
畑

［擁壁の下に小道］
擁壁下に残された敷地に西側道路へと通じる小道をつくり、隣地の畑とのつながりを生み出している

［擁壁下は畑］
擁壁下は隣地の畑。のびやかな景色と畑作業をする人との交流を楽しめる

［道路との距離］
A棟の1階は、擁壁上の東側道路と高さが異なり、擁壁下の西側道路とは距離を保ち、落ち着いた雰囲気

［擁壁の程よい高さ］
切り下げた擁壁の高さは730mm。落ちる怖さはなく、下りやすく、畑を見渡せる、程よい高さ

壁

40 浮遊する壁に向かう
アトリエ・ビスクドール
前田圭介 / UID

所在地：大阪府箕面市
延床面積：151.25㎡
竣工年：2009年
構造：鉄骨造
撮影：上田宏

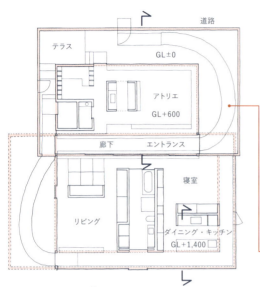

平面図 1：250

人形制作の工房兼ギャラリーを備えた、夫婦の住宅。道路側を友人が楽しく集える開かれたアトリエに、奥を住宅にしている。都市とのつながりを生むように、敷地境界に塀や壁を立ち上げず、二重三重に積層した浮遊する帯が敷地全体を取り巻いている。アトリエでも住居でも、座ると目の前に帯状の壁がめぐらされているので、落ち着いて過ごすことができる。一方で壁の上と下には視線が抜ける。細部まで屋内外の境界を感じさせないつくりになっているため、屋外に居るように感じられる。 ⓣ

[人を見るのは楽しい]
アトリエは周囲からの視線は遮りながら、人や動植物の動きを感じられる開放的な空間

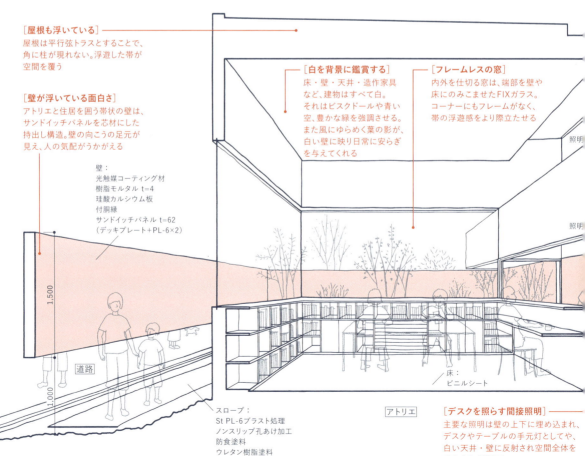

[屋根も浮いている]
屋根は平行弦トラスとすることで、角に柱が現れない。浮遊した帯が空間を覆う

[壁が浮いている面白さ]
アトリエと住居を囲う帯状の壁は、サンドイッチパネルを芯材にした持出し構造。壁の向こうの足元が見え、人の気配がうかがえる

壁：
光触媒コーティング材
樹脂モルタル t=4
珪酸カルシウム板
付胴縁
サンドイッチパネル t=62
（デッキプレート＋PL-6×2）

[白を背景に鑑賞する]
床・壁・天井・造作家具など、建物はすべて白。それはビスクドールや青い空、豊かな緑を強調させる。また風にゆらめく葉の影が、白い壁に映り日常に安らぎを与えてくれる

[フレームレスの窓]
内外を仕切る窓は、端部を壁や床にのみこませたFIXガラス。コーナーにもフレームがなく、帯の浮遊感をより際立たせる

スロープ：
St PL-6ブラスト処理
ノンスリップ孔あけ加工
防食塗料
ウレタン樹脂塗料

[デスクを照らす間接照明]
主要な照明は壁の上下に埋め込まれ、デスクやテーブルの手元灯としてや、白い天井・壁に反射され空間全体をやわらかく照らす

アトリエから道路側を見る。目線の高さに白い壁がめぐらされ、樹木が際立つ。
壁の上下へは視界が抜けて、まちとのつながりを感じられる。

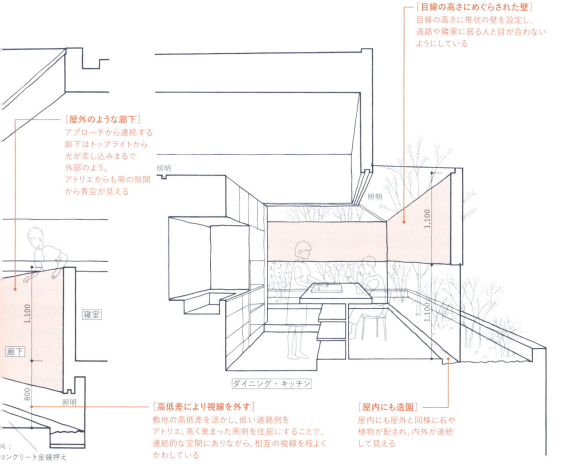

[目線の高さにめぐらされた壁]
目線の高さに帯状の壁を設定し、道路や隣家に居る人と目が合わないようにしている

[屋外のような廊下]
アプローチから連続する廊下はトップライトから光が差し込みまるで外部のよう。
アトリエからも帯の隙間から青空が見える

[高低差により視線を外す]
敷地の高低差を活かし、低い道路側をアトリエ、高く奥まった南側を住居にすることで、連続的な空間にありながら、相互の視線を程よくかわしている

[屋内にも造園]
屋内にも屋外と同様に石や植物が配され、内外が連続して見える

断面パース　1：45

103

座りたくなる
居場所づくりの秘訣

「そこに座ってみたい」と心惹かれるのは、なぜでしょう。
「そこに座り続けたい」と思う心地よさには、何が影響しているのでしょうか。

その場所を、どのように感じるかは、座る人の状況や目的に左右されます。
その場の素材やしつらい、その日その時の気温や天候、光や風、時には植物も影響します。
そしてさらに解像度を高めれば、寸法や角度、姿勢、素材の加工、
下地や仕上げ、耐久性、熱環境、照明器具や冷暖房などの
必要な設備のスペックなど、ある場所の快適性は、
さまざまな技術的な裏づけがあることがわかってきます。

この章では、それらの要素ひとつひとつに焦点をあて、心惹かれる場、
行為をうながす仕掛け、心地よい場を設計するために必要な、
基本的なポイントを紹介します。

また、各要素について特徴的な取り組みをしている現代の住宅実例を、あわせて紹介します。
基本的なポイントをおさえつつ、自由に発想を広げ、
新たな「座りたくなる場」を生み出す手がかりになることを期待しています。

01 座る姿勢

生理的な要求のほか、心理・文化・社会的な枠組みにより、さまざまな姿勢が使い分けられている。

☞ ヤマコヤ（P.107）

姿勢

人が居場所を確保しようとする際、なんらかのものや環境的仕掛けによって身体を支持しようとすることが多い。

そこでとる姿勢は多様で、ベンチのように座るためにつくられたものの上でも、想定された姿勢をとるとは限らず、長時間同じ姿勢をとることはまれである。

また、周囲に他人が居る場合は、心理的反応や、文化的、社会的な枠組みによる規制のあらわれなど、相手次第で姿勢・しぐさ・ふるまいが変化する。

想定外の姿勢をとることもある

平面に座る姿勢

平面に座る姿勢は、正座、長座（脚を前に伸ばす座り方）、あぐら、横座り、立てひざ座りなど、多様である。

長座、あぐらの姿勢は後傾しやすいので、骨盤の下に厚みのあるものを敷くなど、骨盤を起こすと身体への負担が軽くなる。長座の姿勢は、壁など背もたれに寄りかかる際にとられることが多い。

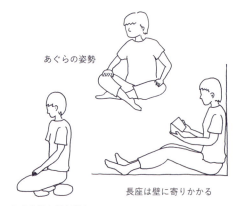

あぐらの姿勢
あぐらはお尻を高く
長座は壁に寄りかかる

背もたれと肘かけ

骨盤と背骨が直角の姿勢は、腰への負担が少ない。背もたれで腰や背中を支えると、筋力をあまり使わずに直角の姿勢を保てるので、長時間座っても疲れにくい。後傾のくつろぎ姿勢では、背もたれで首まで支えたい。

肘かけは、腕の重みを受けるほか、立ち上がる際の手がかりにもなる。適正な高さ、角度、硬さ、握りやすさ（太さ・丸み）に加えて、体重をかけてもブレない頑丈さも必要。

座位姿勢が安定しない幼児や高齢者の座る場所には、肘かけと背もたれの両方を付けたい。

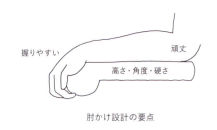

握りやすい　頑丈
高さ・角度・硬さ
肘かけ設計の要点

机まわりの寸法・視線の角度

机の適正な高さは身長や椅子の高さ、および目的による。キーボード作業は書く作業より5cmほど低いと使いやすい。また、体が机から遠いと前傾姿勢になりやすいので、机や椅子を造り付ける際は留意したい。

机の奥行は手の届く距離を基準とし、複数人で囲む場は関係性に合う奥行にすると会話しやすい。なお、机と壁の間を90cm以上あけると、座っている人の後ろを人が通りやすい。

座った姿勢での自然な視線は、水平から15°ほど低い位置。景色や画面など対象との高さ関係にも留意したい。

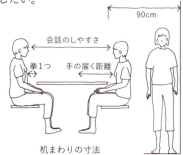

90cm
会話のしやすさ
拳1つ　手の届く距離
机まわりの寸法

段差に座る姿勢

段差に座る姿勢は、かかとが床に完全につく高さがもっとも疲れにくく、人間工学では最適な座面高さを

$$身長 \times 0.25 - 1 \text{(cm)}$$

としている。ひざの高さは股関節と平行か、わずかに高いと疲れにくい。

また、座面で腰から腿まで支持できると疲れにくい。骨盤も固定されて腰への負担が軽くなる。座面が浅すぎると、両足との3点支持になって疲れやすく、一方で座面が深すぎると、背もたれに届かず疲れやすくなる。

くつろぐ目的なら、深く座り足を投げ出せる低めも心地よい。ただし、重心移動は大きくなるので、筋力の落ちた高齢者などは立ち上がるのが困難になる。ちょっとだけ腰かける目的なら、立ち座りの際に力をあまり使わない高めも、勝手がよい。

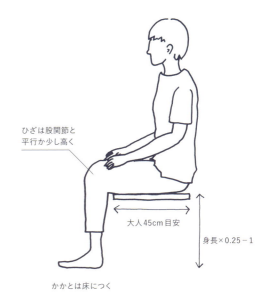

ひざは股関節と平行か少し高く
大人45cm目安
身長×0.25−1
かかとは床につく

疲れにくい姿勢

多様な姿勢で座れる

ヤマコヤ | POINT

撮影：POINT

小学校の図書室の中につくられた、郷土資料展示コーナー。4つの山がつながった形の小屋で、中は4人がけのテーブル、ひとりでこもれるスペース、展示エリアなど、異なる質の場がつくられている。

座面の奥行や向かいの棚との距離が一律ではなく、あぐらをかく、寝転ぶ、足を乗せる、棚にもたれる、机に向かうなど好みの姿勢をとれる。棚の抜け感・囲まれ感が連続的に変化しており、人との好ましい距離も選べる。また、人とものの居場所がゆるやかにつながり、行為が誘発される。

107

02 人との距離・向き

親密な団らんは直径1.5mでゆったりと。
多人数の団らんは直径3.0mの輪が目安。

☞ LT城西（P.110）　☞ 真鶴出版2号店（P.111）

好まれる位置関係

四角いテーブルの席につくとき、どのような位置関係で座るのか。米英で行われた実験の結果、会話には90°の関係か向かい合わせ、協力には90°の関係か隣り合わせ、同時行為には斜め向かい、競争には向かい合わせが好まれる傾向にあった。

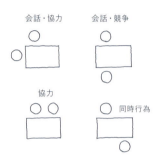

目的と座る位置

パーソナルスペース

人のまわりには、パーソナルスペースと呼ばれる他人を入れさせたくない領域がある。性別や社会文化の影響もあり人それぞれだが、親密な人ほど近くまで許容できる。また前方に比べて横の方が、他人が近づいても寛容になれるとされている。

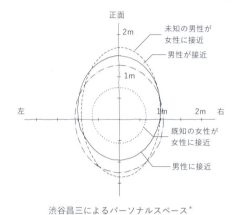

渋谷昌三によるパーソナルスペース*

人どうしの体の向き

人どうしの体の向け方にもパーソナルスペースと同じ意味がある。
　コミュニケーションを促進したい場では人と目線が合う向きに、プライバシーが必要な場や集中したい場では人と目線が合わない向きに座るとよい。

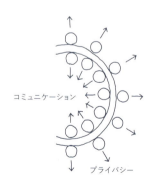

座る向き

人との距離

人どうしの距離のとり方は、それ自体がコミュニケーションとしての機能をもつと考えられている。
　双方が手を伸ばせば指先が触れ合う75cmより近いかも、ひとつの指標になる。なお、社会距離になると、相手の表情を読み取りにくくなる。

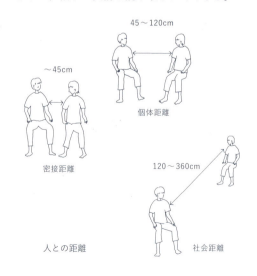

人との距離

引用・参考文献
● 渋谷昌三著『人と人との快適距離 パーソナル・スペースとは何か』日本放送出版協会、NHKブックス、1990年

03 座る要因

座るための場以外に座ることもあるし、
座るため場なのに座る人がいないこともある。

☞ キリの家（P.109） ☞ 鍵屋の階段（P.111）

環境が行動を可能にする

環境やその中のコトやモノが、動物（人）の特定の行動を可能にするために提供すべく備えている特性を、アフォーダンスという。動物（人）は生き延びるために、環境のアフォーダンスを種々の刺激情報をもとに瞬時に読み取っている。

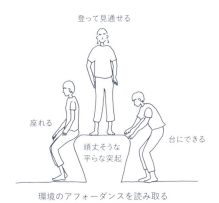

環境のアフォーダンスを読み取る

物理的な要素

そこに座るか否かを左右する物理的な要素は、多岐にわたる。目的の行為がある場合は、その行為に必要な要素を優先している。

〈例〉
- 身を預けられる強度や広さがあるか
- 行為に合う姿勢や楽な姿勢をとれるか
- 座った後に立ち上がれるか
- 行為に必要なモノやコトがあるか
- 触れる面の形
  →傾斜があるか、凹凸があるか
- 触れる面の状態
  →平滑具合、乾燥具合、硬さ、表面温度
- その場の温度や湿度、放射熱、日差し、風量や風速、香り、音
- 行為に合う光環境か

行為を促す建築

キリの家｜TNA

土木的な1枚の大黒壁と曲率が変化する勾配床とでできている建築。建築と人間に緊密な関係性をもたせることで、豊かな居場所が生み出されている。

勾配している床
曲率により、寝そべったり、寄りかかったり、腰かけたりと、さまざまな行為をうながしている。床の先端を少し反らして、スラブの行き止まり感をなくしている。

中央に立つ大黒壁
地面から空に向かって薄くなっていく大黒壁により、平面的にゆるやかに仕切られた居場所は、床が一部途切れたり、吹き抜ける箇所もあり、断面的にはつながっている。

不均質な外装
外壁はガラスで、周辺環境や高さにより不均質に塗装されている。

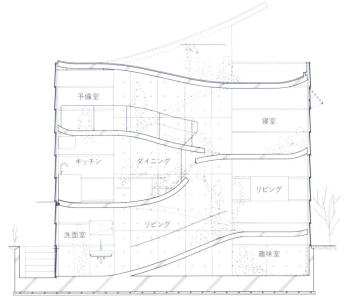

断面図　1：120

多様な状況をつくる

LT城西 | 成瀬・猪熊建築設計事務所

撮影：西川公朗

2階から1階共用部を見下ろせる。木製階段の先は個室。

名古屋市に建つシェアハウス。パブリックとプライベートを二極化せずに、共用部の中にひとりで過ごしやすい場、少人数のコミュニケーションに適した場、多人数で集まるのに適した場を設けている。それぞれの場は座る姿勢や体の向き、光、屋内外との関係、床や天井の高さなどが多様かつ連続的につながり、住人がどこで過ごすかを選べる。

多様な状況をつくるポイント

フロアレベルをずらす
2階フロアの一部を1.8m高い2.5階にすることで、その下から1階を見通せて、立体的につながる豊かな共用部となっている。フロアレベルのずれと重なりにより、天井高さはさまざま。2.5階には、秘密基地のような屋上もある。

共用部との関係
個室の入口を少し凹ませて、個室から共用部へ出入りする際、ひと呼吸置けるようにしている。また、廊下や階段から溜まり場を見通せるつくりで、溜まりに加わるかを自然に選ぶことができる。

座る場所と姿勢
多人数で集まる場は人の動線上にあり、少人数で集まる場は動線の脇にある。玄関正面のダイニングは椅子、一角にひとり用のハンモックチェア、少し隠れる位置にあるリビングはソファ、2階はラグを敷いた床座。場の多様性に合わせて座る姿勢も変化する。

2階から1.8m上がる個室への木製階段は、1～2室に1つ。個室の延長気分で座れる。

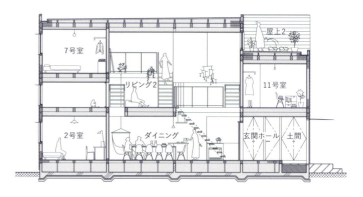

断面図　1：200

親密さを感じる

真鶴出版2号店 | トミトアーキテクチャ

撮影：小川重雄

新旧の素材と屋内外のつながり方を繊細に扱うことにより、親密な場が生み出されている。

真鶴の「背戸道」沿いにある空き家を改修した出版社兼ゲストハウス。背戸道は勝手口を結ぶ道路の意味で、車が通らず親密さがある。そこから数段下げて引きをとり、少し隠れた場にしている。

新たな素材や加工には地域に根ざした物語があり、新は旧に、内は外になじみ、親密さを感じる。

小さな違和感に興味を惹かれる

鍵屋の階段 | 403architecture [dajiba]

撮影：Kenta Hasegawa

箱の中はロフトの寝室スペース。

賃貸ルームの一室に、階段形の置き家具と天井吊の箱を設置。上下に分断された階段形の間に誘われる。箱の中は予想しにくく、中に人が居るとフロアから足だけが見えて、興味を惹かれる。

403architecture [dajiba] は浜松を拠点に小さなプロジェクトを集積。それによりまち全体に面白いことが起きそうな空気感が生まれている。

111

04 木材

木材は種類が多く触感や香り、質感や性能も多様なのでそれぞれの特徴を理解して使用したい。

☞ 長浜の家（P.114）

木材の種類

[無垢材]
樹種や個体差により、触感は大きく異なる。気乾（含水率15％に乾燥させた状態）比重が小さいほど、空気を多く含み、温かく柔らかい傾向にある。

■ 気乾比重表

1.0〜	イペ等
0.8〜	ウリン、イタウバ、セランガンバツ等
0.6〜	オーク、メープル、ケヤキ等
0.3〜	パイン、ヒノキ、スギ、レッドシダー等
〜0.3	キリ、バルサ等

[木質建材]
狂いにくく強度があり、扱いやすい。屋外で使用する場合は、接着剤や基材の耐候性に注意が必要。小角材を貼り合わせた集成材、薄い単板を貼り合わせた合板、木片の芯材の両面にシナなどを貼ったランバーコア、そのほかLVL、CLT、木質ボード、Jパネルなど多種あり、目的により使い分けられる。

屋外で用いる

[耐久性が高い樹種]
気乾比重の高い樹種は耐久性が高く、素地で20年以上もつ。使用する際には合法的な伐採と計画的な植林が行われているかを確認したい。
　気乾比重が低い樹種のなかで、比較的耐久性が高く屋外でよく用いられるのはレッドウッドやウェスタンレッドシダー。ヒノキやスギも心材は耐久性が高い。

[サーモウッド]
高温熱処理を施し、薬剤を用いずに耐久性を上げた木材。北欧パインほか、国産のスギやヒノキも流通している。植林木を用いた持続可能な素材。

[薬剤を用いる]
加圧式の保存処理をした木材も流通している。キシラデコールなど耐候塗料を塗る方法もある。

05 鋼材

重力を感じさせない場をつくる際に、強度のある鋼材がよく用いられる。

☞ 裏庭の家（P.114）

鋼材の加工と仕上げ

[加工]
加工方法は、溶接、ボルト締め、鍛造など。現場での溶接は防火管理が必要なので、施工手順などに留意が必要。鍛造は熱した鉄をハンマーなどで叩いて形をつくる手法。穴をあけてつなげるほか、自由な曲線・ねじりなどを表現できる。

[仕上げ]
鉄を高温で焼くことで表面に現れる黒皮は、ある程度の錆止め効果があり、屋内では蜜蝋仕上げのほか、ウレタン艶消しクリアで仕上げられる。屋外や高湿度の環境では錆が発生しやすい。
　屋外では、溶融亜鉛メッキを施すと錆を抑えられる。雲母入りで適度なムラのあるフェロドール塗装も高い耐食性をもつ。

鋼材を用いたテーブル（Flying Table & Two Fittings / 松岡聡田村裕希、撮影：松岡聡田村裕希）

[鋼材の規格寸法]
座る場を鋼材でつくる場合、規格サイズの型鋼を組み合わせることも多い。よく用いられるのは、平鋼（フラットバー）、山形鋼（アングル）、H形鋼、溝形鋼、角鋼、丸鋼など。規格サイズは、日本製鉄の「建設用資材ハンドブック」も参考になる。

06 畳

適度な弾力があり夏はさらりとして冬温かく、素肌に心地よい日本固有の敷物。

☞ 富士見台団地のリノベーション（P.115）

畳の特徴と種類

腰かける姿勢やベッドでの就寝が好まれるようになり、また不適切な管理によるカビや虫の発生もあり、畳の需要は減少したが、近年は素材感の良さ、表替えにより新装できること、移設もできることなどが見直され、復権の兆しがある。

畳床は従来稲わらを重ねていたが、集合住宅での使用や木造住宅の剛床化による薄さの希求などから、近年は軽い発泡ポリスチレンフォームやインシュレーションボードなどを積層した建材畳も多く流通している。

畳の厚さは一般的に55〜60mm。建材畳は薄いものも多い。クッション性に劣るものもあるので、目的に合わせて選びたい。

畳表は従来のい草のほか、和紙やポリプロピレンを用いたカラフルなものも流通している。また、目が細かい目積表や、さまざまな織り方の表もある。

建材畳床の例（提供：デュポン・スタイロ）

七島藺のベンチ（大分県立美術館、設計：坂茂、撮影：平井広行）
大分県に由来する素材、七島藺（しちとうい）を編んだ畳を座面に使用している。

07 植物

植物も座る際の拠り所やきっかけになる。
屋内に植える際は特に生育環境や手入れについて入念な計画を。

☞ 天神山のアトリエ（P.115）

植物の生育環境と手入れ

[生育環境]

植物の種類により適する生育環境はさまざま。原産地の気候を参考にするとよい。薄暗い環境でも育つ植物がある一方で、西日に弱い植物もある。植物を健康に保ち、虫やカビが発生しないようにするには、風通しも大切。特に中庭や屋内では、入念に風の通り道を検討したい。

また、屋内では衛生的な人口土を利用し、地植えの際は外に水が抜けるようにすることも大切。

[手入れ]

軒下や屋内の植物には水やりのほか、定期的に葉水をかけてあげたい。下草は成長が早く、混み合うと風が通らず病気が発生しやすい。土の乾燥具合や生態に合わせて、間引きや刈込みほか、樹木よりこまめな管理を行いたい。

樹木の剪定は、風と光を通し、成長をゆるやかにして樹形を保つために、年に一度は行いたい。

植物のサイズと役割

高木（3m以上）は頭上に広がり、日差しをコントロールする環境要素にもなる。中木（1.5〜3m）は視界を占める割合が大きく、全体の印象を強く左右する。

低木（1.5m以下）は人の顔に近いので、五感で知覚されやすい。下草や花は足元を彩る土台になる。

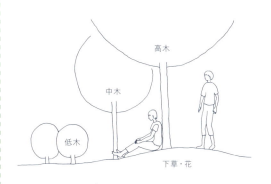

手作業のテクスチャー

長浜の家 | 建築意思

撮影：江藤海彦

リビングルームのテクスチャーに惹きつけられる。

インドネシアの家具工場で制作したリビングルームとベランダを、在来工法で建てたふたつの箱の間にH形鋼を渡し、載せている。樹種は耐候性の高いチークとマホガニー。丸太から買い付け、製材、乾燥、制作まで一貫して行っている。手作業の積み重ねでつくられた「もの」たちは、柔らかく奥深い肌理を得ている。

住宅スケールを超える

裏庭の家 | 松岡聡田村裕希

撮影：松岡聡田村裕希

母屋の裏庭に建つ、扇形の鉄製階段を設えた小住宅。階段に対して矩形平面は奥行が薄く、すべての場所が階段に対して開いている。

　踏板は1枚の最大幅が4.5m、中央で最小幅の1.2mになり、勾配の体感は位置により異なる。階段のどこを移動するかにより、家の各所は多様につながる。

　階段は居室の影響を受けながら、ものが置かれ、飾り付けられ、居場所が派生しながら小さな変化を繰り返す。そのプロセスがゆとりと豊かさをもたらしている。

ササラ板・踏板・蹴込み板はスチールプレート厚9mm、支柱は無垢材45mm角、段板を貫く手すりはφ21。

心地よさを受け継ぐ

富士見台団地のリノベーション｜能作淳平建築設計事務所

撮影：能作淳平

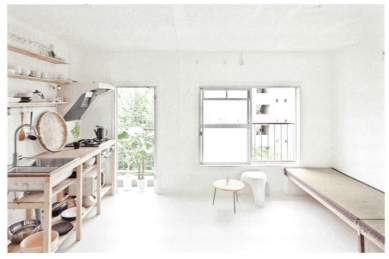

床・壁・天井の表現が抑えられ、畳や各部位の質感が際立つ。

団地の心地よさを受け継ぎ、触り心地や使い心地など身体的な要素を残している。施工しながら壊し方を決めて、現代の生活の中での使い方を検討している。畳は表替えをしてベンチに、鴨居を利用した脚や、場とのバランスが素晴らしい。押入れは仕事用デスクに転用し、襖は風通しのよい麻に貼り替えている。

屋内の木陰

天神山のアトリエ｜生物建築舎

撮影：生物建築舎

樹木が育ち木陰で仕事をしている。

高崎市に建つ設計者のアトリエ。空を見上げるために天井をガラスに、木陰を落とすために木を植えて、大きく育てと空間を高くしている。

樹木の根の成長を妨げないように、基礎は建物外周部のみ。植物周囲は土、その他の床は砕石厚50mm＋真砂土舗装厚70mm。植物は内外合わせて143種、香りの景色もつくられている。冬は撹拌機で上部の暖気を下へ循環させ、夏は有圧換気扇で熱を抜き北庭から冷気を引いている。

新築時は樹木の背丈が低い。

115

08 ソリッドな素材

屋内外のちょっと腰かける場やテーブルなどに。素材により蓄熱や調湿の効果も期待できる。

☞ 蓮華蔵町の長屋、光陽舎（P.118）　☞ ヒカリノコヤ（P.119）

1. 土・左官

求める性能や仕上がりにより、下地や下塗り、捏ね合わせ、塗りは大きく異なり、可能な表現も左官職人の腕前や方針にかなり左右される。

　伝統的な竹小舞土壁や土を強く突き固めた版築は、蓄熱や調湿の性能を期待できる。職人不足や費用の面から、近年の内装は石膏ボード下地が多い。

版築

2. コンクリート

熱容量が大きく、屋外では雨水の浸透や汚れ防止のため、定期的に撥水剤を塗布したい。顔料の混入や、施工後の塗装により、着色も可能。

　杉板を型枠にして木目や木肌を写した杉板型枠打放しや、表面を細かく叩いて荒らし骨材を見せる小叩き仕上げなどが施されることもある。

杉板型枠打放し

3. 石

［御影石］
細かい斑点状の模様がある。耐候性が高く、屋外でもよく用いられる。厚さ15mm程度の方形材のほか、スラブ材、90mm角程度のピンコロ、厚みのある敷石や階段材も流通している。

［大理石］
美しい石肌をもつが、酸やアルカリに弱く、熱にも弱い。屋内向け。薄い方形材のほか、種類によってはスラブ材も入手できる。

［鉄平石］
長野県で採掘されており、板状厚さ20〜30mmに剝離されたもののほか、大判の石も入手可能。

［大谷石］
栃木県で採掘されている。ミソという茶の斑点が入る。軽く加工しやすいが、吸水性が高く風化しやすい。割肌、ビシャン、チェーン目なども可能。

御影石・割肌階段石（提供：大光産業）

4. 人工大理石・テラゾ

［人工大理石］
樹脂を成形したもの。施工性がよく、均質で高い強度をもつ。耐熱性は高くなく、経年劣化する。アクリル系とポリエステル系で性能に違いがある。サイズはメーカーにより厚さ6〜12mm、幅760〜1,500mm、長さ3m以上の規格もある。接着や加工により、継ぎ目なく大きな厚みのある塊に見せることも可能。

［テラゾ（人研ぎ）］
大理石や花崗岩の砕石などを骨材として、セメントで固めたものを研磨して、光沢のある肌にする。現場で研ぎ出す場合は継ぎ目がない曲面も可能。

テラゾ仕上げ
（提供：原田左官工業所）

09 ソフトな素材

弾力性を活かし、床座の仕上げや背もたれに。

☞ 広島の小屋（P.119）

1. カーペット・天然繊維

[カーペット]
柔らかく防音性があり、保温性に優れる。接着をせずに敷きこむので張替えしやすい。ロール状とタイル状の製品がありタイル状のものは部分的な取替えもしやすい。ウールのほか、化学繊維も使われる。毛足がループ状のものは弾力性と耐久性が高く、カット状のものは柔らかい肌触り。

[天然繊維]
ココヤシ、サイザル麻は、ざっくりしておりやや硬い肌触り。籐、竹はさらりとした肌触り。いずれもロール状とタイル状の製品がある。

サイザル麻（提供：上田敷物）

籐タイル（提供：上田敷物）

2. コルク・リノリウム・ゴム

[コルク]
コルク樫の外皮を砕いたものに接着剤を加え加圧成型したもの。適度な弾力があり断熱性や吸音性がある。塗装により風合いが異なる。

[リノリウム]
亜麻仁油・木片・コルク片などを混ぜ、ジュートの織布に加熱圧着したもの。化学物質を含まず、やや弾力があり、抗菌性もある。

[ゴム]
原材料はゴム。適度な弾力性がある。置き敷き施工タイプや屋外用のものもあり、スポーツ施設や子ども・高齢者施設などでも使われる。

コルク（提供：東亜コルク）

リノリウム
（提供：田島ルーフィング）

3. 金属スクリーン

金属は素材としては硬質なものであるが、金属の線・平板・ワイヤーなどを編んだ金属メッシュ、金属板に切り込みを入れて伸ばし菱形に開いたエキスパンドメタルなどは形状を曲面に加工することでやわらかな表情をもたせることができる。

金属スクリーンは自立が難しいので、基本的に吊るしたりフレームにはめたりして取り付ける。取付けの際は無理な力がかからないようにする。切り口の処理にも留意が必要。

「ハウ・ハイ・ザ・ムーン」は倉俣史朗の代表作のひとつ。エキスパンドメタルの先端を繊細に溶接し、やわらかなアームチェアの形に仕上げている。

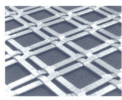

織金網（提供：小岩金網）

ハウ・ハイ・ザ・ムーン（デザイン：倉俣史朗）©クラマタデザイン事務所
（世田谷美術館「倉俣史朗のデザイン」2023展示より）

新旧の架構と壁の存在感

蓮華蔵町の長屋 | 魚谷繁礼建築研究所

撮影：笹の倉舎 / 笹倉洋平

コンクリート壁の量感と既存架構の存在感が、座る場の拠り所となっている。

4軒長屋を1軒に改修した住宅。既存の軸組にRC造のコアを挿入し、耐震補強をしている。既存の柱梁は腐朽していた一部を取り替え、既存の土壁は補修し、新設した壁にも土を塗っている。

コンクリートはほかの現場で使用した型枠の打放し。既存土壁を型枠にしている箇所もあり、将来土壁が崩落した際には、土壁のテクスチャーが転写されたコンクリートが現れる。

大谷石の縁に座る

光陽舎 | 服部信康建築設計事務所

撮影：大沢誠一

内外に大谷石が連続し、視線も低く、庭と一体に感じられる。

三方向を大谷石の塀で囲まれた敷地。建物を十字形にして、4つの余白を庭にしている。南に突き出したフリースペースは床が420mm下げられ、ソファの両側に大谷石のベンチが設えられている。

大谷石は多孔質で、石としては温かく柔らかい肌触り。窓の高さは1,400mmに抑えられ、大谷石の細やかな凹凸に反射したやさしい光が部屋に満ちている。

コンクリート基礎に座る

ヒカリノコヤ｜川本敦史＋川本まゆみ｜エムエースタイル建築計画　　　撮影：中村絵

コンクリート基礎のベンチは母屋と離れを結びつける居場所となっている。

実家に生活の拠点を移し、母屋で生活する若夫婦が、趣味のアウトドアの準備や、友人が気軽に立ち寄れる場として計画された離れ。母屋と庭に面する二方向を開放しながら、軒を低く抑えている。

二方向のコンクリート基礎はベンチに。柱と筋かいが拠り所になっている。足元からのガラス戸を開け放つと、屋外からもベンチに腰かけられる。コンクリートの素材感により、屋外の気安さも感じられる。

エキスパンドメタルの壁

広島の小屋｜谷尻誠＋吉田愛／SUPPOSE DESIGN OFFICE　　　撮影：矢野紀行

生活の雑多な部分は掘り下げられ、その段差に腰かけられる。

田園風景の中で周囲の動物たちも通り抜けてしまうような佇まいを求められ、外周はアクリルで囲い、内部はエキスパンドメタルでゆるやかに囲い、人が居る場所に影をつくるような建物としている。

エキスパンドメタルの壁はゆるやかな曲面を描き、座る位置により多様な姿勢でもたれることができる。壁際にカーテンレールがあり、壁の透け具合を操作できる。また行為に合わせて壁に自由にものを掛けられる。

119

10 沈み込む素材

身体が沈み込むソファ、ほどよく沈み込むベンチや椅子。造作家具としてつくり込むこともできる。

☞ 而邸（P.121）

ソファの芯材

[Sバネ]
S字形をした鋼製バネを連結棒でつないだバネ。中央に比べて端の弾力性が小さい。

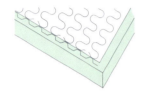

[コイルスプリング]
渦巻状のバネを連結させたスプリング。耐久性が高くクッション性もよい。

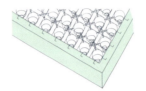

[ウィービングテープ]
テープの弾力性、テンション、密度が高いと、座り心地がよい。品質による差が大きい。

[ウレタン]
密度・加工方法・形状により、耐久性や硬さなどさまざま。スプリング類と組み合わせることも多い。

[ポケットコイル]
耐久性が非常に高く、荷重を分散して支えるので座り心地がよい。スプリングとしては高価。

[羽毛]
胸や腹など部位により弾力性や柔らかさが異なる。背もたれのクッションに用いられる。

座面を編む

[ペーパーコード]
樹脂を染み込ませた紙を撚り合わせた紐。Yチェアなどに使用されている。輸入品も国産品もあり、フレームを用意すれば、素人でも編むことができる。

[テープ状の紐]
丈夫で適度な弾力があるテープ状の紐は、座面に使用できる。織紐で代表的なものは真田紐。平たい形状に織られており、幅は1～5cm程度、色柄も選べる。締めやすく伸びにくく独特の艶と風合いがある。素人にも編むことができる。

[籐]
籐はシートが流通している。軽く柔らかいが、型作り、曲げ、組む、巻く、編む工程は難易度が高く、専門の職人に依頼する必要がある。強度はフレームへの留め方により大きく異なる。

　写真は、岐阜市にある図書館のソファ。天井から吊るされたグローブに沿って円弧を描いている。中央に背もたれがあり、内にも外にも座れる。耐火のため人工の籐を用いており、感触は少し固めで気持ちよい。

籐の家具（ぎふメディアコスモス、家具デザイン：藤江和子、籐家具製作：ワイ・エム・ケー長岡、建築設計：伊東豊雄、撮影：彰国社）

アルコーブの造作ソファ

而邸 | 泉幸甫建築研究所

撮影：相原功

ダイニングからアルコーブを望む。繊細な光に浮かび上がるさまざまな素材の存在感にも惹きつけられる。

泉幸甫氏の自邸。日常のさまざまなシーンを縫い合わせるように部分と、部分どうしのつながりが考えられている。

L字のソファを設えたアルコーブは、ダイニングに向かって平面が少し開いており、階段とは飾り棚を通してゆるやかにつながっている。

光に浮かぶ素材の質感に魅せられる。

L字の造作ソファ
L字に設えられたソファからは、窓とダイニングを望む。後傾した低めの座面や鈍い光を放つ皮が、座ったときの感触や音、肌触りを想起させる。

「お籠り」感と抜け感
小ぶりな広さ、低めの天井、ダイニングへの開き具合、階段への抜け感。こもる心地よさと抜け感が共存。

やわらかい光
窓には引き込み障子が設えられ、やわらかな光による陰影がアルコーブに満ちている。細身の桟が、繊細な雰囲気を醸し出す。

壁の陰影
やわらかい光に浮かび上がる、半田仕上げの土壁の肌。写真手前には磨き仕上げの障壁がある。

木の表情
なぐり痕のある曲がり梁を150mm角の角柱が受け、天井には120mm角のスギの小梁が細かいピッチで並ぶ。甲板はナラ、床はウォールナット。多様な木の放つ存在感も、空間の魅力につながっている。

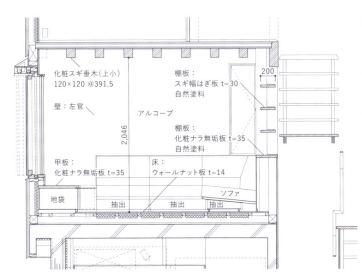

アルコーブ、ソファまわり詳細図　1:50

11 温熱

温熱環境は、そこに座りたい、
座り続けたいと感じるかに大きな影響を及ぼす。

☞ 傘の家（P.124）

熱の伝わり方

[伝導]
人の肌と直接触れるものを通して熱が伝わるのは「伝導」。

すぐ暖まる（冷える）代わりに、影響が触れている箇所に限定される。伝導を利用した暖房で代表的なのはホットカーペット。

低温やけどのリスクがあり、44℃なら約6時間がリミット。

[対流]
空気の流れにより熱が伝わるのは「対流」。

空気は人を包んでいるので、影響は大きい。暖められると上昇する仕組みで自然対流が起きるが、効果的な冷暖房をするにはファンなどで強制対流を起こす必要がある。

[放射]
遠赤外線により熱が伝わるのは「放射（輻射）」。

床・壁・天井ほか、身のまわりのすべてのものが遠赤外線を発しているので、影響は大きい。距離の2乗に反比例して弱まり（距離2倍で放射量1/4）、裏に回り込むことがない。

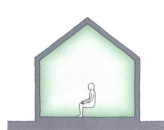

室内の表面温度の影響

室温が快適な温度でも、室内の表面温度が低かったり高かったりすると、放射（輻射）の影響で不快に感じる。

室内の体感温度は目安として、室温と床・壁・天井など室内表面温度の平均。室温が25℃でも、室内表面温度が5℃なら体感は15℃、室内表面温度の平均が35℃なら体感は30℃と考えられる。

床・壁・天井の表面温度を室温に近づけるには、断熱・気密性能を上げるのが有効。

快適な温度と湿度

夏の服装で、室温と室内表面温度が同じ場合に、多くの人が快適に感じるのは、湿度が20％で26〜28℃、湿度が50％で25〜27℃、湿度が80％で24〜26℃。

冬の服装では、湿度が20％で22〜25℃、湿度が50％で21〜24℃、湿度が80％で20〜23℃。

日本各地域の外気が快適な時間は1割程度、温暖地でも6割が要暖房、3割が要除湿・要冷房と考えられる。

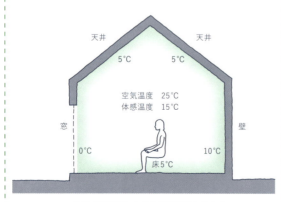

室内表面温度により体感温度が変化する

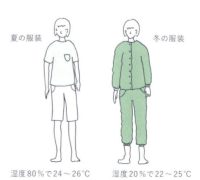

快適な温度の範囲は狭い

冬の寒さ対策

[日射熱の蓄熱]
冬の日中に日が差す地域では積極的に日射を取得したい。日の陰る夕方以降も暖かさを維持できるように、床や壁に日射熱を蓄えたい。蓄熱する面の熱容量を大きくするのが効果的。

特定の温度帯に集中的に吸放熱を行う「潜熱蓄熱体」素材も近年注目されている。

[高気密・高断熱]
外気温の影響を抑え、少ないエネルギーで室温を維持できる。

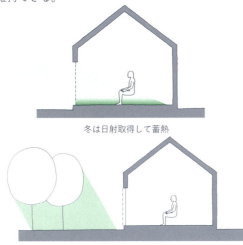

冬は日射取得して蓄熱

夏は日射遮蔽し照り返しも防ぐ

夏の暑さ対策

[日射を遮蔽する]
さまざまな配慮を組み合わせて対処したい。屋外で日射を遮蔽する方法についてはP.125参照。窓ガラスで日射を遮蔽することもできるが、限度があり、また冬の日射取得を妨げるため適度な遮蔽にとどめたい。

[高気密・高断熱]
冬と同様。

[内部発熱の低減]
家電や照明は、消費した電気をすべて熱として放出するので、長時間使用する機器の影響は特に抑えたい。安静時の大人の発熱量は100kcal/h目安。

[通風]
汗が乾き涼感を得られる。手法についてはP.126-127参照。

[照り返しを防ぐ]
家の周囲の地面、特に窓の前に日陰をつくると照り返しを妨げる。冬は葉を落とす落葉樹を植えるのも効果的。日中の打ち水は、蒸散効果を期待できる。

[除湿・調湿]
湿度が下がると快適と感じる温度域が高くなる。

冷暖房

[エアコン]
対流を利用。エネルギー効率が高く、高気密・高断熱なら風量も抑えられ快適。空気は遠くに届きにくく暖かいと上昇するので、吹抜けや凹凸のある部屋では、温度ムラを生じやすい。

床下にエアコンを設置して、床や壁に吹出し口を設ける手法も近年多く見られる。床下空間の形状、障壁となる基礎立上りの有無、気密性などの影響を受けるため、採用する際は設計初期から検討したい。

[放射冷暖房]
床暖房は、放射を利用した暖房で伝導の効果も得られる。温度ムラが少なく快適だが、床材を介するのでエネルギー効率はあまりよくない。床の近くで過ごす子どもは放射の影響を強く受けるので注意したい。

放射面を壁に設けるタイプは冷房にも適している。放射面の近くに座る場を設けるとより恩恵を受けられる。

[自然エネルギーの利用]
日中の屋根・外壁への日射や夜間の放射冷却、また年間を通して温度が安定している井戸水や地熱を利用して、冷暖房を行うことも考えられる。

「ハウス＆アトリエ・ワン」は地下水を利用した輻射冷暖房を導入している。また屋上庭園と朝夕の散水により、夏の冷房負荷を減らしている。

ハウス＆アトリエ・ワン（設計・撮影：アトリエ・ワン）

夏は陰をつくり冬は熱を集める

傘の家 | 末光弘和+末光陽子 / SUEP.

撮影：中村絵

北庭の水盤から離れを望む。傘状の屋根の高さと勾配は受熱量が最大になるように決められている。

くびれを挟んでつながったふたつの土地で、太陽エネルギーを最大限利用できる建物配置と屋根形状を検討した結果、母屋と離れを渡り廊下の屋根でつなぐ形になった。2棟の屋根は傘状に持ち上がり、頂部にはトップライトが設けられている。

心地よい温熱環境

屋根面日射は、空気を軒先から取り入れ、垂木間を通して回収し、トップライトへの直接の日射と合わせて頂部の溜まりに集めている。冬は中央の鉄骨柱を通して床下のファンで吸い下げ、床から温風を吹き出すとともに、基礎上の蓄熱槽に熱を蓄えている。

夏は日射熱を排気

夏の日射はブラインドで覆い、トップライト内の換気扇で排気。また、軒の出や植栽により、敷地に陰をつくっている。夏に陰をつくれない北の庭には、井戸を掘って水盤をつくり、涼を得ている。

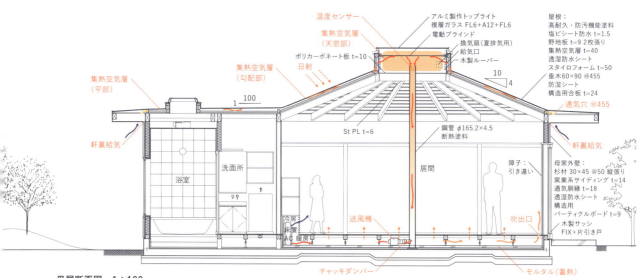

母屋断面図　1：100

12 日射遮蔽

夏の日射は屋外で徹底して遮蔽したい。
冬は日射を取得したいので、方位に合った遮蔽方法を。

屋根・庇

南窓上の屋根庇は、冬至の頃の日差しは遮らず夏至の頃の日差しは遮ってくれる。

気温が高く日射を遮蔽したい8〜9月は、夏至の頃よりも日差しが入りやすくなるので、簾など着脱できる仕掛けの付加を検討したい。

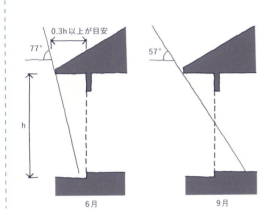

袖壁

夏至の太陽は、北東から昇り北西に落ちる。そのため南窓上に屋根・庇が出ていても、朝夕に斜めの日差しが入る。一方で、冬至の太陽は、南東から昇り、南西に落ちる。

そこで南窓を囲むように、東西に袖壁を設けると、冬至ごろの日差しを遮ることなく、夏至ごろの朝夕の日差しを遮ることができる。

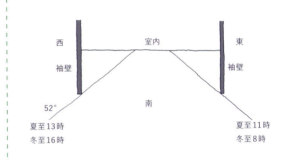

外付けルーバー

ルーバーの羽板の角度や間隔は、遮りたい日射の角度に合わせて調整する。常設なら東西の日射遮蔽に、可動の建具なら南向きにも適している。

素材は木・アルミ・ステンレス・再生木などが使われる。熱せられたルーバーからの放射の影響を受けないように、窓とは距離を離して設けるのが望ましい。

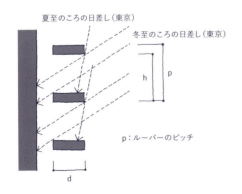

外付けルーバーのピッチ

グリーンカーテン

常緑の植物は東西の日射遮蔽に、冬に落葉する植物は南向きにも適している。蒸発散作用の効果も得られる。

春から夏にかけて横に広がるように枝を誘引する作業が大切。西向きで採用する場合は、西日に強い植物を選ぶ必要がある。

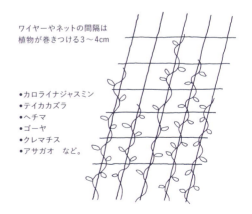

定番の巻きつき登はん型

125

13 通風

湿度が高い夏は風が吹いても大きな涼感を得にくいが、0.5〜1.0m/sの風で1〜2℃涼しく感じられる。

地域の風を把握する

場所、季節、時間帯により風の向きや強さは変わる。地域ごとの風向・風速は、自立循環型住宅のホームページに詳細データが掲載されている。データは観測した地点の周辺環境の影響を受けているので、参考値として利用するとよい。

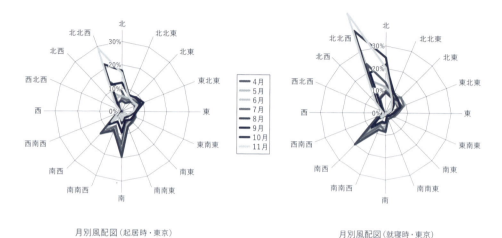

月別風配図(起居時・東京)　月別風配図(就寝時・東京)

東京のデータ
(自立循環型住宅設計ガイドラインより抜粋) 提供:IBEC

さまざまな向きの風を取り入れる

敷地に吹く風は、周辺環境の影響を強く受ける。シミュレーションソフトに地域の風のデータと周辺建物の位置・大きさを入力して、風の流れを予測することもできる。風を正確に把握するのは難しいので、どんな向きからの風も取り入れる工夫をするのもおすすめ。

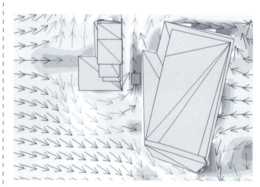

Flow Designerによる植栽による強風対策
(提供:アドバンスドナレッジ研究所)

風上から風下へ風を通す

通風をするためには正圧を受ける「風上」と負圧を受ける「風下」の両方に窓を開けるのが効率的。壁面が受ける風と合わせて屋根面が受ける風にも配慮して計画するとよい。

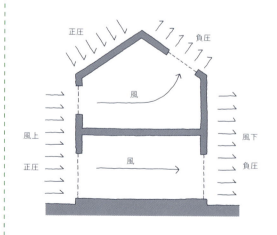

風を受けて取り込む

風のぶつかっても進むという性質を利用して、風を取り込みたい季節にその場所でもっとも吹きやすい風向きに合わせて、袖壁や縦滑り出し窓・出窓を設けると、風を取り込める。

道路や建物の間を走る風は、周辺よりも強まる傾向にあるので、小さな窓でも効果を期待できる。ただし、建物間の風はより幅広な方に流れることに留意が必要。

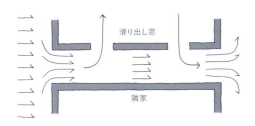

風の流速と窓の大きさ

風の入口を出口よりも小さくすると、風の入口近くの流速があがる。風の入口を出口よりも大きくすると、風の出口近くの流速があがる。

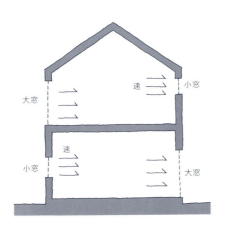

高低差を利用して風をつくる

空気の暖められると上昇する性質を利用して、低い位置と高い位置に窓を設けると、室内に微風をつくることができる。

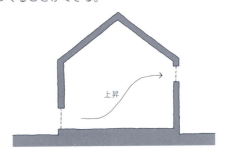

風の通り道に座る

涼風を体感するには、風が頭上を抜けず体に当たるように、人の居場所と部屋の形を決める必要がある。

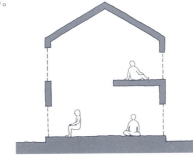

開けられる窓に

計画通りの風通しを享受できるように、開閉しやすい位置や重さであること、エアコン室外機など騒音・発熱の原因がないこと、防犯上の工夫が施されていることも大切。

開けにくい窓

14 光

光は刻々と変化する。
原理を理解し思い描いたシーンを実現したい。

☞ 松庵の家（P.132）

光を感じるには

光を感じるには、光が当たる「面」をつくり、その「面」に当たった光を反射させて、目に入れる必要がある。

光が当たる「面」の反射率＋通過率＋吸収率＝1になる。吸収された光は失われるので、反射率が高い「面」ほど明るく感じる。

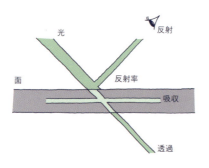

照度と輝度

「面」に当たる光の量は照度で、単位は lx（ルクス）。目に入った光の量は輝度で、単位は cd/㎡（カンデラ平方メートル）。照度は光の量を表すが、知覚する明るさとは直接結びつかない。光を知覚するには、ただ光があるだけでは不十分で、輝度をつくり出す工夫が必要になる。

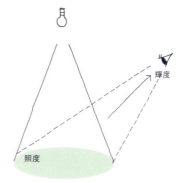

光が当たる面の「色」と「光沢」

明度の高い色ほど反射率が高い。そのため、白い面は明るく感じ、黒い面は暗く感じる。

光沢があると光を正反射するので、その方向の輝度だけが高くなる。光沢がなく光を均等に拡散する面の輝度は、面の反射率と照度に比例する。

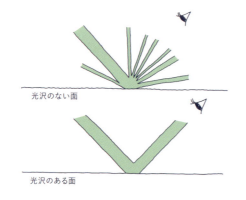

空間の明るさは間接光の量で決まる

光が空間をつくる「面」に反射し、さらにほかの面へと相互に反射を繰り返すと、間接光が増えて明るくなる。

部屋を囲む床・壁・天井すべてが白の場合、間接光が多くなり、空間を明るく感じる。

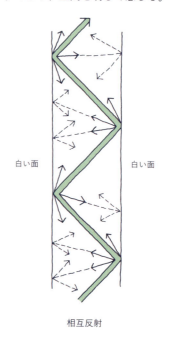

相互反射

明るく感じるかは 人の状態で決まる

明るさは人が感じるもので、目の状態や輝度の分布により変化する。同じ輝度でも、まわりが暗いと明るく、まわりが明るいと暗く感じる。

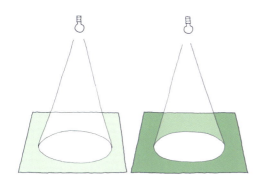

高すぎる輝度は不快

極端に輝度が高いと、見えにくかったり不快に感じたりする。この現象を「グレア」という。屋外の照度は100,000 lxにも達するので、直射光の差す窓際では注意が必要。

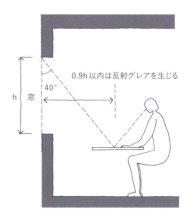

エッジの見え方による光の現象

身のまわりを見るとき、人はエッジを手がかりにしている。エッジには必ず、輝度か色度の差があるので、それを操作することによって、さまざまな光の現象を享受できる。

エッジを鋭くすると、手前と奥に見えているものの距離感が曖昧になり、遠くの対象にも手が届きそうに感じる。

エッジを不明瞭にすると、空間の奥行が曖昧になり、ふわりとした印象になる。エッジのある四角い部屋でも、すみずみまで均一に明るくなるように真っ白にすると、エッジが薄れて同じ効果を得られる。

「HOUSE SH」は、壁が曲面でエッジがなく、くぼみにトップライトからの光が湛えられ、ふわりとした場所になっている。

「間の門」は、門形の壁面のエッジが45°で壁の厚みを感じず、入り幅木で壁が浮いて見える。三重のオーガンジーカーテンの拡散光の効果もあり、距離感が曖昧になっている（庭に向かって門形が狭くなり、床面が下がることも、効果を高めている）。

HOUSE SH（中村拓志＆NAP建築設計事務所）　撮影：阿野太一

間の門（五十嵐淳建築設計事務所）
撮影：五十嵐淳建築設計事務所

15 照明

住宅では住まい手が室内の状況を把握しているので、暗がりで安全に過ごすこともできる。

☞ 4n/NEW LIGHT POTTERY (P.133)

見る対象を照らす照明

机上面など視対象のための照明を「タスク照明」という。面を照らす光の量（照度）による設計が推奨される。

細かい作業による目の疲労を抑えるには、作業に応じた照度を確保する必要がある。手元に影をつくらないように、照明と座る位置の関係にも配慮が必要。

また、加齢に伴いより高い照度が必要になり、色も全体に黄色がかって見えるようになる。

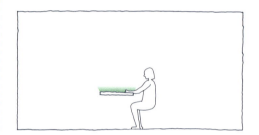

空間を明るくする照明

天井・壁・床など周辺を照らす、空間を明るくするための照明を「アンビエント照明」という。目に入る光の量（輝度）による設計が推奨される。

一般に大きな部屋では天井面を明るく、小さな部屋では壁面を明るくすると、空間の明るさ感がアップする。

輝度計算は難しいが、近年は照明シミュレーションソフトで算出することも可能になっている。

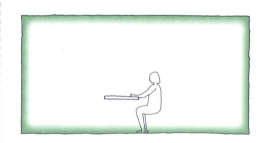

住宅の照度基準

住宅の照明計画をする際には、JISの照度基準が目安となる。全般照明（アンビエント照明）と局部照明（タスク照明など）を併用し、局部照明の方を数倍明るくすると、部屋全体が明るくなりすぎず、落ち着いた雰囲気になる。なお、表中の全般照明は便宜上、床面の照度を表している。

照度 (lx)	居間	書斎	子供室 勉強室	応接室 (洋間)	座敷	食堂 台所	寝室	家事室 作業室	浴室 脱衣室	便所	廊下 階段	玄関 (内側)	門・玄関 (外側)	庭
2,000														
1,500														
1,000	・手芸 ・裁縫							・手芸 ・裁縫 ・ミシン						
750		・勉強 ・読書	・勉強 ・読書											
500	・読書						・読書 ・化粧	・工作	・ひげそり ・化粧 ・洗面			・鏡		
300						・食卓 ・調理台 ・流し台								
200	・団らん ・娯楽		・遊び ・ゲーム	・テーブル ・ソファ ・飾り棚	・座卓 ・床の間			・洗たく				・くつぬぎ ・飾り棚		
150														
100		全般	全般	全般	全般			全般				全般	・パーティー ・食事	
75	全般								全般	全般				
50						全般					全般			
30													・表札・門標 ・押ボタン	テラス 全般
20							全般							
10														
5													・通路	・通路
2														
1							深夜		深夜	深夜			防犯	防犯

JIS Z 9110（2010）より抜粋

照度の求め方

電球の明るさは「光束」で表され、

$$照度(lx) = 光束(lm) ÷ 面積(㎡)$$

で求められる。

　電球の光束は四方に放射されるので、たとえば床の照度は、床に直接当たる光束に、壁や天井に当たり反射した光束を加えて算出する。照度計算ソフトに器具の配光、取付位置、部屋の反射率や広さなどの条件を入力すれば、比較的簡単に求められる。

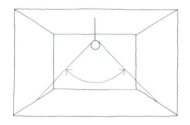

裸電球の光束配分イメージ

直接照明・間接照明とは

直接到達する光の割合が90％以上のものが直接照明、10％以下のものが間接照明と定義される。

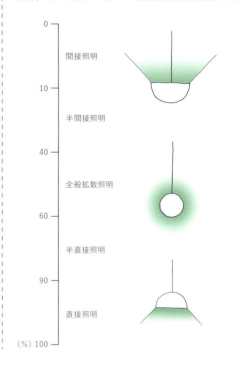

間接照明の特徴

間接照明は、直接光の眩しさを抑えながら、明るさ感を得られる。部屋のどこを明るくするかにより雰囲気が変わり、天井面に当てると上への広がりを、壁面に当てると横への広がりを、コーナーに当てると部屋に奥行をもたらす。

　照明器具を用いる方法と、光源を壁や天井などに組み込む建築化照明による方法がある。

[建築化照明のコツ]

光源と照射面との距離を十分にとると、光がグラデーション状に美しく伸びる。光源の連続性にも配慮したい。

　照明器具によりサイズや光り方はさまざまなので、目的に合う器具を選び、特性に沿う計画をしたい。特に光源や光のエッジ（カットオフライン）を見せないように留意したい。

　映り込みを防ぐため、照射面の仕上げを艶消しにするか、光の反射を抑える光源にするとよい。ガラスへの映り込みも注意したい。

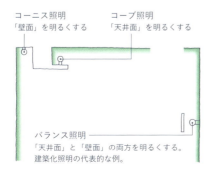

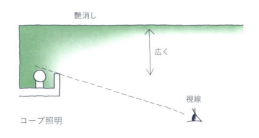

繊細な光

松庵の家 | 手嶋保建築事務所

撮影：西川公朗

繊細な光が心地よいベンチシート

北に緑豊かな公園を望む、健やかな暮らしを包む住まい。南には隣家が迫る。2階のリビング・ダイニングはリフレクターで調節された南のトップライトからの光と、北の大きな窓からの光に満たされている。

北の光

景色のよい窓際にベンチシートを設け、人の居場所を光溜まりにしている。座面は布張りで細かな凹凸があり、明暗のコントラストにより輝きが増している。色は反射率が高く、濃色の背もたれとのコントラストが光をひきたてている。

ベンチシート後ろの窓は北向きで、やわらかい間接光が差し込む。引込み障子も設えられ、開閉により光量を調節できる。障子は網戸も兼ねて、透け感があり風も通す和紙織物ネルスームを使用している。

南の光

隣家が迫る南にはトップライトを設け、リフレクターを備え付けている。夏は直射を遮り、冬は日差しを取り込めるように、角度や間隔を調節。三日月形の凹部分で光を受け、天井に反射させている。

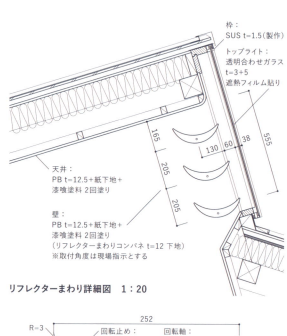

リフレクターまわり詳細図　1：20

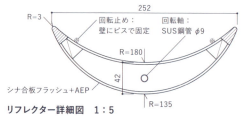

リフレクター詳細図　1：5

照明の光溜まり

4n / NEW LIGHT POTTERY | ninkipen!

撮影：河田弘樹

座る目的に合わせた心地よい照明

照明器具づくりから照明計画まで手がけるNEW LIGHT POTTERYを主宰する夫妻の自邸。照明器具は工業的なアプローチとクラフトマンシップを両立させ、細部までこだわってつくりあげられている。

目的に合わせた照明

複数の照明を用いると、さまざまな「座る」場をつくることができる。ひとつながりの空間の中で、団らん、くつろぐ、作業など、「座る」目的に合わせた照らし方を選択している。

人が集まる食卓の上には大きなペンダント照明を下げて、光溜まりをつくっている。周辺に対して3〜5倍の照度があると、中心感が生まれる。コミュニケーションには、顔の表情やしぐさが伝わることも大切。それらを認識できる明るさにするとともに、顔に強い影が生じないように、複数の光源や反射光を利用している。

リラックスチェアの上には小さな点光源の照明を配し、フロアスタンドが正面の壁と天井を照らし、穏やかに過ごせるようにしている。

目の高さの壁や足元の壁も照らされ、反射した光で部屋全体がほんのりと明るくなっている。窓の外の暗闇も、照明の効果を際立たせている。

照明の調節

複数の照明をそれぞれにON/OFFできるようにしている。調光器も用いることで、生活のシーンにより、照明のバランスを自在に変えられるようにしている。

照明器具

照明器具は空間に及ぼす影響が大きいので、素材・質感・形・大きさを、家具と同じように繊細に扱っている。

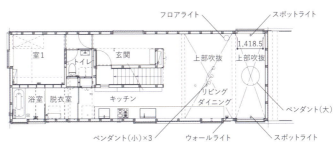

1階照明計画　1:200

おわりに

本書は、企画の段階から数年を経て出版にたどり着きました。その間、「居場所」という表現が以前にも増して多用されるようになったと感じています。「居場所」とは何か？ 著者らもこの本の執筆作業を通じて、そのことを考えました。
本書で紹介した事例は、居心地のよい「居場所」や刺激的な「居場所」で、nLDKに縛られない自由で多様な「居場所」の可能性を提示しています。この本で着目した「座りたくなる」場所を考えることが、住宅に限らずさまざまな「居場所」づくりのヒントになれば幸いです。

最後に、本書を制作するにあたり、作品の掲載許可、またお忙しいなか、関係する資料や情報を提供していただいた建築家の皆様には心より感謝申し上げます。紹介したいと思う作品があって初めて本書は成立しています。
また、本書の編集をご担当いただいた彰国社の尾関恵さんには、本書の企画から出版にいたる長期にわたり根気よくお付き合いいただき、さまざまなお知恵を拝借しながら、執筆作業を無事終えることができました。ここに改めて感謝の意を表したいと思います。

エディトリアルデザインをご担当いただいたWatermarkの水野哲也さんには、「座りたくなる」というテーマに沿った温かみのある装丁で魅力的な本に仕上げていただきました。
そのほか、編集作業や作図の準備など本書を仕上げるまでにご協力いただきました皆様にも、この場をお借りしてお礼申し上げます。

2024年8月　是永美樹・平真知子

著者略歴

是永美樹（これなが みき）

略歴
1970年　東京都生まれ
1996年　東京工業大学大学院総合理工学研究科社会開発工学科修了

AMO設計事務所、東京工業大学建築学専攻助教を経て、
2010年　KMKa一級建築士事務所（共同主宰）
2018年～　京都女子大学家政学部生活造形学科准教授
現在に至る
一級建築士、京都市文化財マネージャー、NPO古材文化の会会員、博士（工学）

主な著作
『実務初心者からの木造住宅矩計図・詳細図の描き方』彰国社、2014年（共著）
『「境界」から考える住宅　空間のつなぎ方を読み解く』彰国社、2017年（共著）
など

主な建築作品
「八雲の大屋根・小屋根」2013年（第6回サステナブル住宅賞国土交通大臣賞受賞）
「成蹊通りの民家」2016年
「西陣寺之内通の町家」2022年

執筆担当　Chapter1、2

平真知子（たいら まちこ）

略歴
1966年　神奈川県生まれ
1991年　東京工業大学大学院理工学研究科建築学専攻修了

株式会社日本設計を経て、
2000年　矢部真知子一級建築士事務所設立
2008年　平真知子一級建築士事務所へ改称
2024年～　神奈川大学建築学部住生活創造コース非常勤講師
現在に至る
一級建築士

主な著作
『住宅インテリア究極ガイド』エクスナレッジムック、2019年（共著）

主な建築作品
「六角形の家」2015年
「東京の家」2017年
「横浜の家」2019年

執筆担当　Chapter2、3

座りたくなる住宅　居場所から広がる住宅の可能性
2024年10月10日　第1版　発　行

著　者	是　永　美　樹・平　真　知　子
発行者	下　　出　　雅　　徳
発行所	株式会社　彰　国　社

著作権者と
の協定によ
り検印省略

162-0067　東京都新宿区富久町8-21
電　　話　03-3359-3231(大代表)
振替口座　00160-2-173401

自然科学書協会会員
工学書協会会員

Printed in Japan

© 是永美樹・平真知子　2024 年
印刷：壮光舎印刷　製本：誠幸堂

ISBN 978-4-395-32211-4　C3052　　https://www.shokokusha.co.jp

本書の内容の一部あるいは全部を、無断で複写(コピー)、複製、およびデジタル媒体等へ
の入力を禁止します。許諾については小社あてにご照会ください。